中公新書 2828

仁藤敦史著

加耶／任那

——古代朝鮮に倭の拠点はあったか

中央公論新社刊

まえがき

加耶《かや》とは、三世紀から六世紀にかけて、朝鮮半島南部にある洛東江《ナクトンガン》（大邱《テグ》、釜山《プサン》を通り朝鮮海峡に流れる）の流域に存在した十数ヵ国の小国群を示す名称である。

しかし、加耶と表記し「カヤ」と読むことは、近年では歴史教科書でそう記されているとはいえ、日本ではなじみが薄い。加耶は六世紀後半に百済《くだら》と新羅《しらぎ》に東西から侵略され滅亡したこともあり、高句麗《こうくり》・百済・新羅という三国と比べて知名度は高くない。むしろ、日本では『日本書紀』の記載から「任那《みまな》」と呼ばれることが多い。これら小国群が注目されるのは、古代朝鮮史のなかで重要であるだけでなく、倭の政治・経済・文化にも大きな影響を与えたからだ。

この小国群の歴史を正しく理解するうえでは、解決すべき大きな課題がいくつかある。第一に、表記や名称が多様なことだ。

中国や朝鮮の古代史料には加耶と表記されるだけでなく、伽耶《かや》、狗邪《くや》とも記される。また、加耶と同源・同義として加羅、駕洛、迦羅、伽洛（すべて「から」と読む）の表記もあった。特に加羅は、五世紀に高句麗王が作らせた「広開土王碑《こうかいどおうひ》」にも記される。このように、同一実体を示す用語が多様に存在し、一定せず、現代でも定着していない。

第二に、加耶の範囲である。金官《きんかん》加耶・大《だい》加耶・阿羅《あら》加耶・非火《ひか》加耶など、加耶が付いた小国は最大で七ヵ国に及ぶ。ただし、さまざまな異字や呼称があり、すべての国に加耶が付いたわけではない。また、洛東江《ナクトンガン》の流域には多数の小国が存在したが、加耶や加羅はそのすべてを総称する地名ではない。加耶が歴史的にどのようなまとまりだったかを考えることが重要だ。

第三に、日本ではこの地域を任那という名称で呼び、教科書でも長く用いてきたことだ。

八世紀初頭に成立した『日本書紀』には、神功《じんぐう》皇后から欽明《きんめい》天皇の間の外交記述に、「百済三書《くだらさんしょ》」と総称される三種類の百済系歴史書が直接・間接に多く引用されている。それに由来する表記として任那の記述が豊富に存在する。さらに、任那は個別の国名だけでなく、小国群の総称としても用いられている。

たとえば、『日本書紀』（欽明紀二三年条）には、加羅・安羅《あら》など一〇ヵ国の総称として「すべては任那という」とある。『日本書紀』における任那の用例を素直に史実として位置づけてよいかが問題となる。

また、『日本書紀』は思想性を持って、任那諸国を一括し「官家《みやけ》」（朝貢の拠点）と表記し、隷属《れいぞく》の対象として位置づける。だが、思想性があるからといって任那の記事を一

6世紀の朝鮮半島地図　高校日本史教科書、2023年（上）と1981年（下）

出典：上『詳説　日本史　日本史探究』、下『詳説　日本史　再訂版』（ともに山川出版社）を基に筆者作成

切否定するのも極端な見解だ。

さらに、『日本書紀』は任那と加羅を並記する。先に触れた「広開土王碑」、中国の史書『宋書《そうじょ》』、一二世紀半ばに成立した朝鮮の史書『三国史記《さんごくしき》』にも、「任那加良」という両者を並記した表記が存在する。両者の地域的区別や、総称としての任那について考える余地がある。

他にも課題は多い。たとえば、「任那日本府《みまなにほんふ》」と呼ばれた存在だ。『日本書紀』に「百済三書」の引用から伝えられる任那日本府は、古い通説では大和朝廷の出先機関とされた。だが、近年では否定的な見解が多い。私見では、百済がこの地域を併合しようとしたときに、加耶諸国の独立を維持するため、それに抵抗した倭系の移住民(「韓子《からのこ》」や「韓腹《かんぷく》」と表現される二世)ら反対勢力を百済側が意図的に呼称したものと考える。

加耶/任那をめぐっては、近年でも多くの問題を孕《はら》んでいる。本書では、史料に基づきながら、また、朝鮮半島における近年の前方後円墳や倭系遺物の発見による倭人の一部移住の可能性など考古学的発掘成果を含め、できるだけ客観的に加耶/任那の歴史と、古代の日本との交流関係を平易に述べることを目的としたい。

以下、本章の構成を述べておく。

序章は、入門と位置づけ、加耶／任那の記載がある基本史料の解説と、近世以降の古典的な研究の紹介、さらには研究上の問題点などを論じる。

第1章では、従来、倭による支配の対象としてのみ捉えられてきた加耶／任那の歴史を、朝鮮古代史の正しい文脈に位置づけることを試みる。神話・伝承から歴史への流れのなかでその前史を検討する。

第2章では、四世紀、加耶諸国が台頭し百済や倭と交渉を始めるが、その史実を解明する。

第3章では、五世紀、中国の王朝にも朝貢するようになった加耶諸国の発展と、倭や百済との交渉・抗争の歴史を考える。

第4章では、六世紀、百済と新羅の東西からの侵攻により、中心的な国であった金官・大加耶などが滅亡する歴史を描く。

第5章では、加耶諸国の滅亡後も、七世紀まで倭国は任那の「復興」や「調《ちょう》」の貢納《こうのう》を要求するが、その背景を考える。また、加耶の滅亡後に近隣諸国に与えたさまざまな影響を論じる。

終章では、最新の研究動向と本書の主張を記す。

この本を通読することによって、加耶／任那＝加耶諸国に対して、従来のような倭の植民地的な見方をするのではなく、周辺諸国のさまざまな分野に影響を与えるようなきわめて重要な地域だったことを理解していただければ幸甚である。

目次

加耶／任那
——古代朝鮮に倭の拠点はあったか

天皇略系図

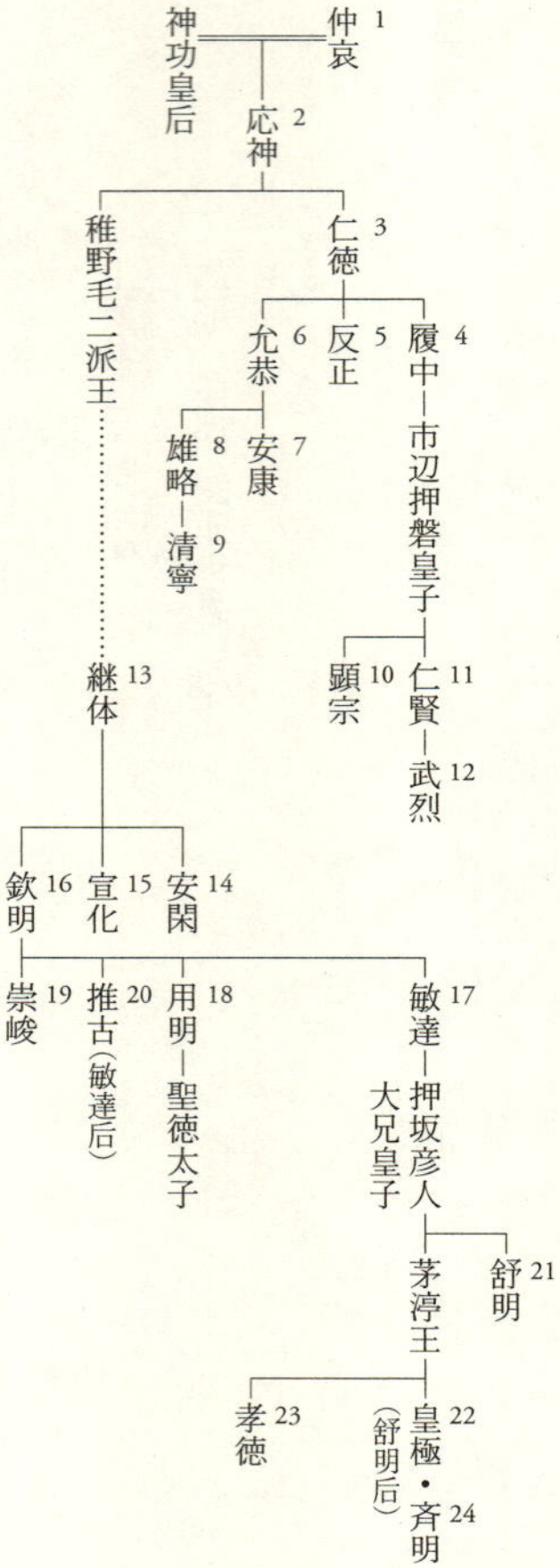

註記：数字は記紀による即位順

高句麗王略系図

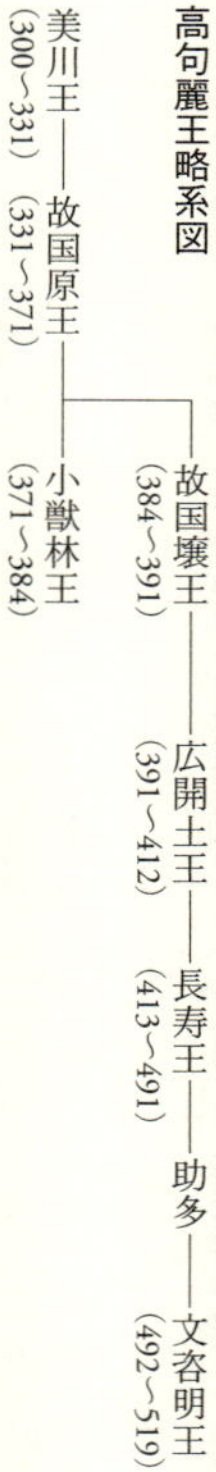

百済王略系図

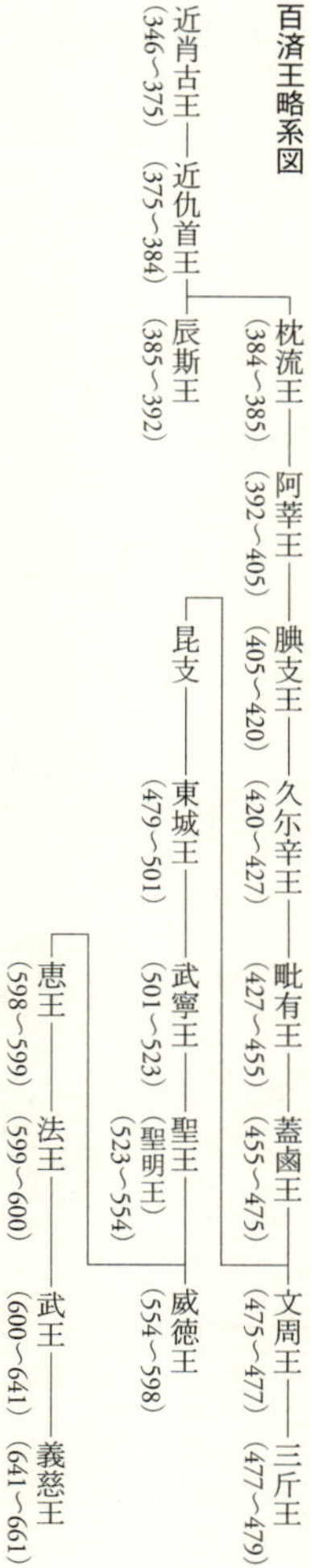

新羅王略系図

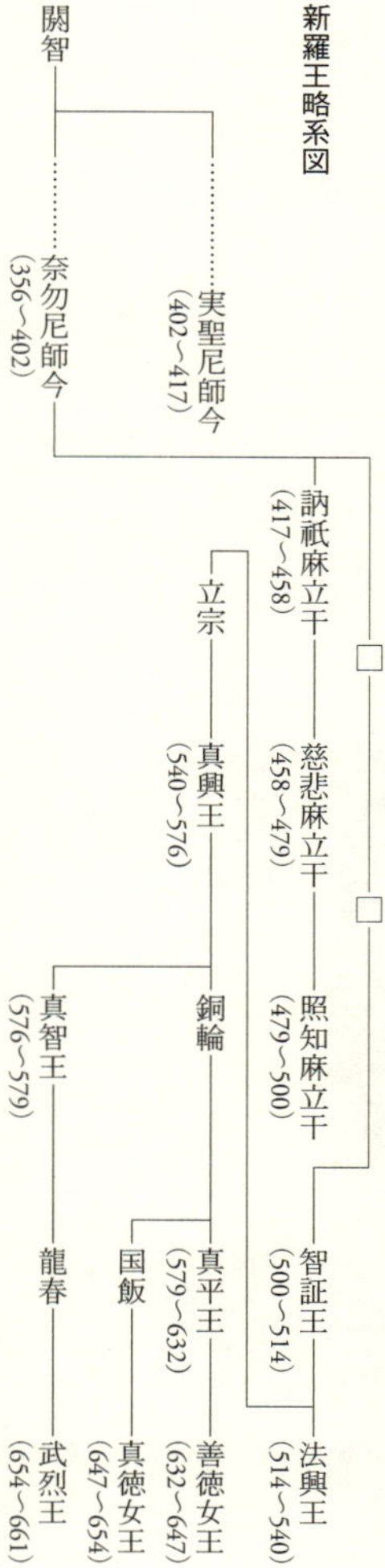

註記　数字は在位期間

加耶諸国地図、５世紀後半

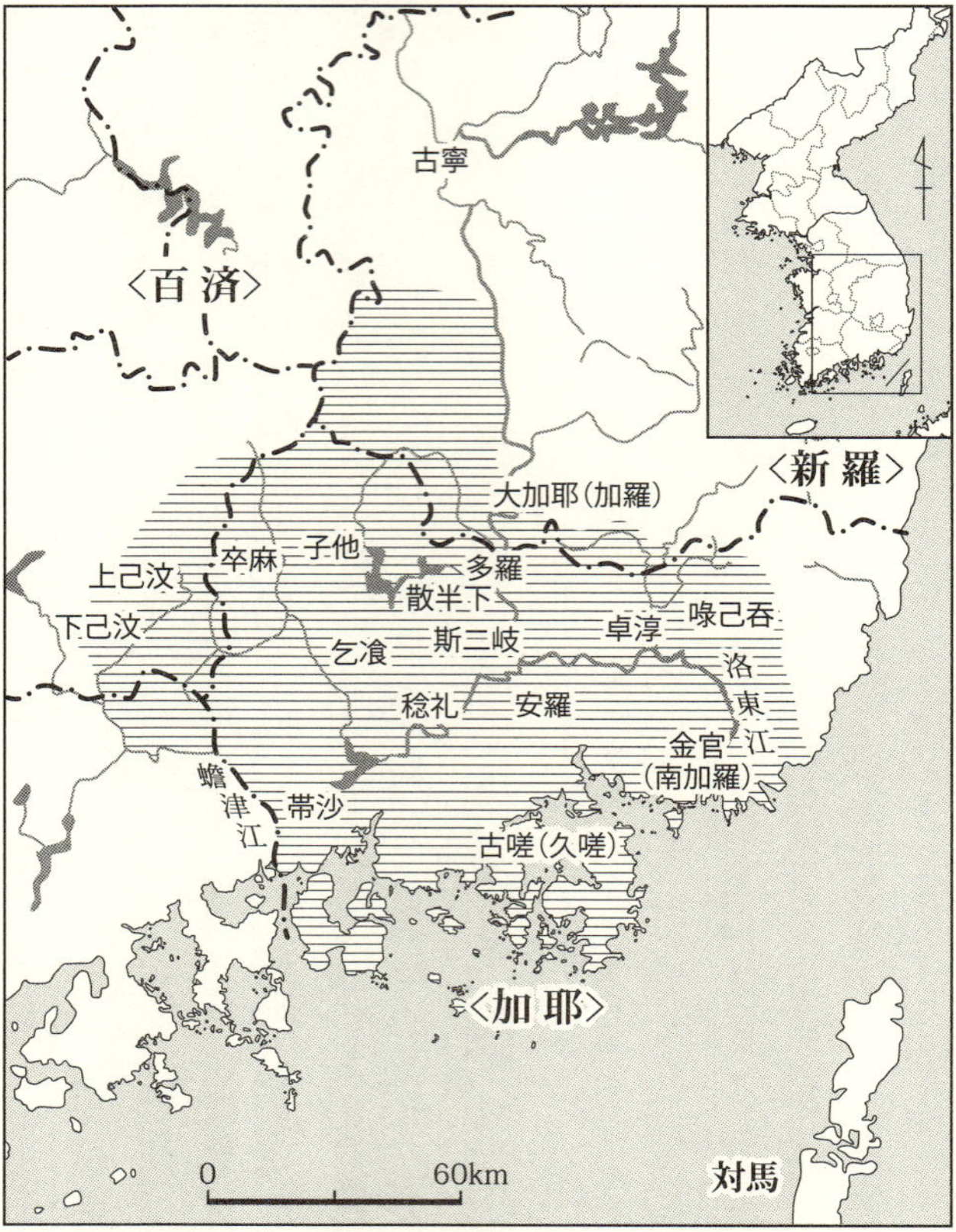

註記：金官（南加羅）や大加耶（加羅）などは加耶の主要な国々。一点鎖線は現在の行政区分

出典：田中俊明『古代の日本と加耶』（山川出版社、2009年）、『韓国歴史地図』（平凡社、2006年）を基に筆者作成

加耶／任那

――古代朝鮮に倭の拠点はあったか

凡　例

・〈　〉は、原文に付された註である。
・（　）は、通例の補足的なものである。
・引用文中の〔　〕は、筆者による補足である。
・典籍における『　』は、現存のものに用いている。
・典籍における「　」は、引用された書目や逸文（書物に引用されて断片的に伝わる文章）のみで現存しないものに用いている。
・韓国における人名・地名のルビは、基本的に近代以前は日本での慣用的な読みに、現代については韓国での読みとした。

序章

加耶／任那研究の歩み

序章は、加耶《かや》史についての入門的な記述である。加耶の記載がある日中韓の基本史料の解説、近世以降の古典的な研究の紹介、それらの研究上の問題点などを論じる。

1　日中韓史料のなかの古代東アジア

弁韓の小国群

四世紀、中国では北方からの匈奴《きょうど》など諸民族の侵入により、南に漢民族の王朝が移り、南北の分裂、いわゆる南北朝時代を迎える。そのため、東アジアへの中国の影響力が弱まり、多くの地域で自立的な国家形成が進んで行く。

中国東北部で成立した高句麗《こうくり》は、朝鮮半島北部まで領域を広げ、三一三年には中国の植民郡だった楽浪郡《らくろうぐん》を滅ぼした。朝鮮半島の南部では「三韓《さんかん》」と総称される馬韓《ばかん》・辰《しん》韓《かん》・弁韓《べんかん》の地域で小国群が形成され、馬韓では百済《くだら》、辰韓では新羅《しらぎ》が勃興し、周辺諸国を併合し国家形成に進んだ（第1章六〇頁「3世紀後半、三韓時代の朝鮮半島」地図参照）。しかし、中間の弁韓地域（現慶尚道《キョンサンド》を中心とする洛東江《ナクトンガン》流域）では、小国群の分立状態が続いた。途中で連合的な動きが認められるものの、分立状態は基本的に五六二年に新羅により滅亡させられるまで続く。これら小国群の総称として、『三国史記《さんごくしき》』『三国遺事《さんごくいじ》』は「加耶（加羅《から》）」と呼び、『日本書紀』は「任那《みまな》」と呼んだ。

以下では、倭とも深い結びつきを持ったこれら加耶諸国群の歴史を概説する。

表記と語源

「まえがき」でも述べたように、弁韓地域に存在した小国群の名称は、依拠する史料によって多くの異表記がある。同一対象を示す用語が多様に存在し、一定しないことは、現在の表記法にまで課題を残している。

ただし、「加羅」「迦羅」や「駕洛」「伽洛」などの表記は、「加耶」とは同義・同源である。朝鮮語では、カヤ（**ka-ya**）はカラ（**ka-rak**）の「**r**」音が「**y**」音に転化したものにすぎない。カヤ（加耶）とカラ（加羅）の発音は通用する。さらに、カラは「**ka-rak**」と発音するので、カラ（加羅・迦羅）もカラク（駕洛・伽洛）も同じ発音の異表記である。

したがって、本来は「カヤ」ないし「カラ」と発音する地名があり、これを示す漢字表記が定まらないために、多様な表記が残ったと考えられる。『三国志《さんごくし》』魏志倭人伝《ぎしわじんでん》に見える「狗邪《くや》韓国」も同様である（田中俊明一九九二）。

加耶の語源については、弁韓の「弁」字が古方言で頭に被る冠《かんむり》を意味し、冠の読みカル（갈・kal）からきたとする冠弁《かんべん》（君主が着用する皮の王冠＝皮弁冠《ひべんかん》）説が有力である（鮎貝房之進一九八七）。だが、辺境を意味する「辺国」説（李丙燾一九八〇）、神や大国、酋長を意味する「干・旱」説（那珂通世一九五八、今西龍一九七〇）など、さまざまな意見がある。

一方、任那の語源については、『三国遺事』所収「駕洛国記《からこっき》」の記述によると考えられている。そこでは金官《きんかん》の始祖と伝えられる首露《しゅろ》王の王妃が初めて来着した地名「主浦」村の朝鮮語の訓み（nim-nae）を転写したとする（鮎貝房之進一九七一）。この「主浦」説は有力だが、音の類似からの類推であり確定的ではない。

0-1　加耶に関連する韓国・中国・日本の史書

史書	成立時期	巻数	編纂	対象期間
三国史記	1145年	50	官撰	前1～10世紀
三国遺事	13世紀末	5	私撰	前1～13世紀末
史　記	前91年頃	130	官撰	黄帝～前87年
漢　書	82年頃	100	官撰	前202～8年
後漢書	445年以前	120	官撰	25～220年
三国志	3世紀末	65	官撰	2世紀末～280年
宋　書	488年以後	100	官撰	420～479年
南斉書	6世紀前半	59	官撰	479～502年
日本書紀	720年	30	官撰	神代～697年

史料と東アジア

加耶諸国の史料は、六世紀に国が滅亡し、以後継承した国が存在しなかったため、まとまっては存在しない。

加耶を記載する史料は、韓国史料の『三国史記』『三国遺事』、中国正史、日本史料の『日本書紀』などだが、すべて断片的な記載にとどまる。

『三国史記』は高句麗・百済・新羅の三国を主体とし、『日本書紀』は倭を主体とする歴史書である。そのため加耶の小国群は働きかけられる客体ではあっても、これらの歴史書では歴史のプレーヤー（主体）ではない。それでも、韓・中・日三国の古代史料に記載が残されていることは注目される。

以下では、本書で使うこれら史料について簡単に解説しておく。

韓国史料――『三国史記』『三国遺事』

『三国史記』は、儒学者金富軾《きんふしょく》《キムブシク》らの編纂により高麗《こうらい》時代の一一四五年に完成した朝鮮半島最古の官撰《かんせん》歴史書である。

前一世紀の三国時代から一〇世紀に統一新羅《とういつしらぎ》が滅亡するまでを叙述する。高句麗・百済・新羅という三国の記述を中心に全五〇巻で構成される。

本紀《ほんぎ》（巻一～一二）は、建国の順に新羅（巻一～一二・新羅本紀）・高句麗（巻一三～二二・高句麗本紀）・百済（巻二三～二八・百済本紀）の順に配列される。以下、年表（巻二九～三一）・祭祀《さいし》、楽（巻三二）・色服《しきふく》、車騎《しゃき》、器用、屋舎《おくしゃ》（巻三三）・地理（巻三四～三七）・職官《しょくかん》（巻三八～四〇）・列伝《れつでん》（巻四一～五〇）の順に記されている。本紀は王代ごとの年代記、列伝は人物伝である。

本書の成立は『日本書紀』よりも遅く、初期の神話的記載は史実として信用できない部分もある。中国正史からの転用記事も多いが、『日本書紀』の記事年代を批判する根拠ともされてきた。

『三国遺事』は、『三国史記』に次ぐ私撰《しせん》の歴史書として、一三世紀末に高麗僧一然《いちぜん》《イリョン》により編纂された。

全五巻九篇から成り、巻一王暦《おうれき》・紀異《きい》、巻二紀異、巻三法興《ほうこう》・塔像《とうぞう》、巻四義解《ぎげ》、巻五神呪《しんじゅ》・感通《かんつう》・避隠《ひいん》・孝善《こうぜん》から構成される。

巻一の王暦には新羅・高句麗・百済・駕洛《から》（金官《きんかん》）国の王代と年表を記し、巻一と巻二の「紀異」には檀君《だんくん》朝鮮にはじまる諸国の興亡と新羅各王の逸話《いつわ》を記し、巻三以降は仏教史関係を記す。出典の怪しい古書をしばしば使うので、『三国史記』と比較してその史料的価値は劣る。

中国正史――『史記』から『南斉書』まで

中国史料は、三韓諸国の歴史や風俗を記述した『三国志』、倭の五王の朝貢《ちょうこう》記事に朝鮮半島南部諸国の諸軍事号を記載した『宋書《そうじょ》』、加羅の朝貢を記録した『南斉書《なんせいしょ》』などが重要となる。これらは、『史記《しき》』『漢書《かんじょ》』『後漢書《ごかんじょ》』の三史以降、『明史《みんし》』まで、清《しん》代に「二十四史《にじゅうしし》」と総称される中国各王朝の歴史を記した正史に含まれる。

『史記』は、伝説上の五帝の一人黄帝《こうてい》から前漢の武帝《ぶてい》まで、約三〇〇〇年の歴史を記す。中国前漢の武帝の時代に司馬遷《しばせん》によって編纂された、本紀一二巻、表《ひょう》一〇巻、書八巻、世家三〇巻、列伝七〇巻から成る紀伝体（本紀と列伝）の歴史書。「酒池肉林《しゅちにくりん》」「四面楚歌《しめんそか》」などの故事成語の原拠とされる。

『漢書』は、前二〇二年の前漢の成立から後八年に成立する王莽《おうもう》政権までを記す。中国後漢の時代に班固《はんこ》らによって編纂された前漢の歴史書である。本紀一二巻・列伝七〇巻・表（諸侯・官名などの一覧）八巻・志《し》（律暦・礼楽などの制度を記した）一〇巻の計一〇〇巻から成る。『後漢書』との対比から前漢書ともいう。『史記』の通史に対して、『漢書』は初めての王朝ごとの歴史書である。この形式はのちの正史編纂の規範となった。

『後漢書』は後漢の成立する二五年から滅亡する二二〇年まで約二〇〇年を記す、四三二年頃に中国南朝宋の范曄《はんよう》が編纂した後漢の歴史書。本紀一〇巻・列伝八〇巻・志三〇巻の全一二〇巻からなる紀伝体。「志」の編纂者は西晋の司馬彪《しばひょう》。『後漢書』「東夷伝《とういでん》」には倭（日本）の朝貢記事がある。かつては異なる『後漢書』が存在したが、いずれも失われたため、范曄の『後漢書』のみが正史とされる。

『史記』『漢書』『後漢書』のいわゆる三史には、古朝鮮や朝鮮四郡の管轄下にあった三韓諸国の記載がある。だが、『後漢書』「韓伝《かんでん》」の記載は、次に紹介する先に編纂された

『三国志』「韓伝」の記事を添削したもので、独自性に乏しい。

『三国志』は、二世紀末の後漢混乱期から三世紀末の西晋の統一までの約一〇〇年を扱う。陳寿《ちんじゅ》により編纂され、三国時代について記した歴史書で二八〇年以降に成立した。「魏志（魏書《ぎしょ》）」三〇巻、「蜀志《しょくし》（蜀書《しょくしょ》）」一五巻、「呉志《ごし》（呉書《ごしょ》）」二〇巻の計六五巻で構成される。

「魏書」にのみ本紀がある。三国のうち魏が正統な王朝とされ、周辺諸国の記載も「魏書」にのみ存在する。

『三国志』は簡潔な内容だったため、南宋の文帝《ぶんてい》は裴松之《はいしょうし》に注を作ることを命じ、彼による注が四二九年に付された。そこには現存しない「魏略《ぎりゃく》」のような逸書《いっしょ》（現存せず断片的に伝わる書物）が引用されている。「魏書」韓伝には、朝鮮半島南部についての詳細な記述がある。

『宋書』は、五世紀にあった中国南朝の宋の六〇年間について書かれた歴史書。沈約《しんやく》が南朝斉《せい》の武帝に命ぜられて編纂した。本紀一〇巻・列伝六〇巻・志三〇巻の計一〇〇巻からなる。このうち、「列伝」夷蛮伝《いばんでん》に「倭の五王」による朝貢記事がみえる。

『南斉書』は、四七九年から五〇二年までの南斉の歴史を記す。五三七年に南朝梁《りょう》の蕭子顕《しょうしけん》が編纂した南朝斉についての歴史書。原名は『斉書《せいしょ》』。本紀八巻・志一一巻・列伝四〇巻の合計五九巻。「列伝」第三九の「東南夷伝《とうなんいでん》」に加羅《から》王の記述がある。

中国の正史に記された東夷の記述は、中華思想を前提とするが、外交交渉の年代などについては日韓の史料よりも信頼できる。

『日本書紀』の真偽性

倭の『日本書紀』は、『古事記』とともに日本最古の史書とされ、神代《じんだい》から七世紀末の持統《じとう》天皇の時代までを扱う。奈良時代の七二〇年に舎人《とねり》親王らの撰《せん》により完成した。漢文による編年体で記述されている。

全三〇巻。巻一と巻二が神代で、以下が各天皇の事績を記す。とりわけ、朝鮮半島との交渉を詳細に記すのは、巻九の神功紀《じんぐうき》、巻一〇の応神紀《おうじんき》、巻一四の雄略紀《ゆうりゃくき》・巻一七の継体紀《けいたいき》、巻一九の欽明紀《きんめいき》である。神功紀は仲哀《ちゅうあい》天皇のキサキだった神功皇后が、応神天皇が即位するまで長期に摂政をしたことから、独立した一巻として編纂されている。

本来は、系図一巻が存在したが失われている。

原史料は、系譜を中心とした「帝紀《ていき》」と物語を中心とした「旧辞《きゅうじ》」、さらには諸氏族の伝承や天武天皇の舎人らの日記などが採用され、朝鮮半島との外交記事には「百済三書《くだらさんしょ》」と総称される「百済記《くだらき》」「百済新撰《しんせん》」「百済本記《ほんき》」という百済系史料が多く用いられている。「百済三書」は、特に本文に付された注（分注）に引用されることが多い。これらは、日本国内にいた百済系の人々によって編纂されたと考えられている。「百済三書」は、加耶／任那の歴史を考える場合にきわめて重要であり、本章第3節で詳述する。

『日本書紀』は、史実とは評価できない巻一と巻二の神話記載から、実録的な巻二八・二九の天武紀《てんむき》や巻三〇の持統紀《じとうき》まで連続的に記す。これらを歴史史料として活用するためには、記紀《きき》批判と呼ばれる作業、つまり外国史料・金石文《きんせきぶん》、さらには考古学の発掘成果などとのクロスチェックが必要になる。

広開土王碑の一七七五字

最後に「広開土王碑《こうかいどおうひ》」について記そう。

広開土王碑は高句麗の広開土王（在位三九一〜四一二）の功績を記念し、子の長寿王《ちょうじゅ》が四一四年に鴨緑江《おうりょくこう》中流域北岸の通溝《つうこう》（現中国吉林省集安市《きつりんしょうしゅうあんし》）に建立した、高さ約六・四メートルの方柱碑《ほうちゅうひ》である（武田幸男二〇〇九）。およそ一七七五字が四面に刻まれ、三つの段落から構成される。

第一段では王家の由来と広開土王に至る系譜を掲げ、第二段では王一代の武勲《ぶくん》を語り、第三段では歴代王陵の守墓人《しゅぼにん》たち三三〇戸の出身地を詳細に記し、守墓人売買の禁令を記す（武田幸男二〇〇九）。第二段には「任那加羅」や「安羅《あんら》」などの地名が記されている。碑文の解釈についても本章第3節で詳述する。

どこにあったか

『三国史記』『三国遺事』といった韓国史料には、加耶諸国の国名を記している。『三国史記』は、先述したように新羅・高句麗・百済の三国が記述の中心であり、加耶についてのまとまった記述はない。「加耶」の表記が、断片的に合わせて四〇以上あり、加耶小国群のうち特定の国を示しているものが多い。

加耶の名称と場所について見てみたい。目次裏の加耶全体図を見てほしい。

加耶の名称は、金官《きんかん》（現慶尚南道《キョンサンナムド》の金海《キメ》）と大加耶（現慶尚北道《キョンサンブクド》の高霊《コリョン》）に使われる。一方、加羅の名称は、同じく大加耶と安羅《あら》（現慶尚南道の咸安《ハマン》）に使われている。三国は加耶諸国のなかでも有力国で、単独で「（大）加耶」と呼ばれるに相応《ふさわ》しかった。『三国史記』地理志には、加耶諸国の比定地が記される。古寧《こねい》加耶は古寧（咸寧《かんねい》）郡、金官（伽落《から》・伽耶《かや》）は金官小京《しょうきょう》、阿那加耶《あなかや》は咸安郡《かんあんぐん》、大加耶は高霊郡《こうれいぐん》などとある。

『三国遺事』に引用された「駕洛国記《からこっき》」には加耶の有力国の一つだった駕洛（金官）の歴史が語られている。

『三国遺事』巻一の王暦には駕洛国《からこく》（金官）について、初代首露《しゅろ》王以下一〇代に及ぶ王名と年表がある。逸文《いつぶん》（書物に引用されて断片的に伝わる文章）が引用され金官の州知事が書いた「駕洛国記《からこっき》」に金官と五加耶の国名（阿羅《あら》伽耶・古寧伽耶・大加耶・星山《せいざん》伽耶・小伽耶）、「本朝史略」（由来不詳）に五加耶（小伽耶と大加耶がなく非火《ひか》を加える）の国名が見える。それぞれ金官と大加耶が中心となった時代の領域を示しているらしい。

さらに、『三国遺事』巻二には「駕洛国記《からこっき》」の抄録《しょうろく》が引用され、首露《しゅろ》王の事績を記す。首露王を初代とする金官は、大駕洛または伽耶と称されたとあり、加耶の範囲を「東は黄山江《こうざんこう》（洛東江《ナクトンガン》）、西南は滄海《そうかい》、西北は地理山《ちりさん》（慶尚南道《キョンサンナムド》西端の智異山《チリサン》）、東北は加耶山（慶尚南道と慶尚北道《ブクド》の境）がそれぞれ境界をなし、南は国のはてになっている」とする。「駕洛国記」には簡潔ながら金官を中心とした加耶史が記されている点が大変貴重である。

中国史料には、四三八年に倭王珍《ちん》が「任那」を含んだ六国諸軍事号《ろっこくしょぐんじごう》を初めて請求し、四五一年に倭王済《せい》が「任那」「加羅」を含む「倭新羅任那加羅秦韓慕韓」という六国諸軍事号を承認されている（『宋書』蛮夷伝）。これについては後で詳述する。

倭の五王の朝貢で朝鮮半島南部諸国の諸軍事号が承認されたが、四七九年には「加羅王」荷知《かち》が中国の南斉に朝貢し「輔国将軍本国王《ほこくしょうぐんほんこくおう》」に任命されたとある（『南斉書』東南夷伝）。国家的成熟を遂げ、中国に認知されていたことが知られる。

任　那①――『日本書紀』のなかの広域名称

一方、八世紀に編纂された『日本書紀』には、倭と任那の交渉記事が比較的豊富に記されている。主にこれは先に触れた「百済三書」からの引用である。

任那は個別な国名としても、諸国の総称としても使われていた。

たとえば、任那が滅亡したときには、本文を説明する分注（本文に付加された註）である別伝（一本云）に「総《すべ》ては任那と言う」と記す。そのうえで「別《わき》ては加羅国・安羅《あら》国・斯二岐《しにき》国・多羅国・卒麻《そちま》国・古嵯《こさ》国・子他《こた》国・散半下《さんはんげ》国・乞飡《こちさん》国・稔礼《にむれ》国と言い、合わせて十国なり」と、一〇ヵ国の名称を列記する（欽明紀二三年正月条所引一本云）。

このように諸国の総称として任那が使われている。他方、加耶や加羅の場合には、個別の国名に「○○加耶（加羅）」を称することはあるが、諸国を網羅する用例はない。しかし、韓・中の史料での任那は、一部例外を除けば加耶諸国全体を示す用法はない。これに対して話が少し複雑になるが、加耶だけでなく倭人が住む百済領を含めたより広域な概念とする説も近年有力だ（田中俊明一九九二）。だが、『日本書紀』には加耶諸国を超えた明瞭な任那の用例はない（仁藤敦史二〇二四）。

結局、現在の研究では、加耶諸国全体を示す広域名称としての任那は、「まえがき」でも記したが、朝鮮半島南部の加耶諸国を一体的に官家《みやけ》、つまり朝貢の対象国と位置づけ、倭が統治する隷属の対象だったとする『日本書紀』史観の反映だといえる。

『日本書紀』垂仁紀《すいにんき》分注に、御間城《みまき》天皇（第一〇代崇神《すじん》天皇）のときに初めて朝貢してきたので、天皇の名前である御間城入彦《いりひこ》にちなみ任那と伝えるのは、こうした思想によるもので事実ではない。『日本書紀』には、「任那日本府」などの倭中心の記載が随所に見られ、解釈には慎重な史料批判が必要となる。

任那②——韓・中史料のなかの範囲

任那は『日本書紀』にのみ記述されているわけではない。韓国史料『三国史記』列伝第六・強首伝《きょうしゅでん》には、新羅の武烈《ぶれつ》王代の役人強首《きょうしゅ》という人物の伝記に「任那加良」人とある。

また、「広開土王碑」の永楽《えいらく》一〇（四〇〇）年条に倭の軍勢が新羅から退却した場所として「任那加羅」とある。

さらに、九二四年に慶尚南道《キョンサンナムド》の昌原《チャンウォン》の鳳林寺《ほうりんじ》に建てられた「鳳林寺真鏡大師碑《しんきょうだいしひ》」には、真鏡大師は「任那」の王族出身とある。

これらが指すのは金官と考えられる。

だが、『三国史記』と広開土王碑の事例は、任那と加羅が併記され、任那が上位に記されている。この場合、任那地域が加羅よりも広いという意味であり、任那を加耶諸国の総称として解することができる（武田幸男二〇二二）。

先にも少し触れたが、中国史料にも、讃《さん》・珍・済・興《こう》・武《ぶ》のいわゆる倭の五王が自称したり、叙授《じょじゅ》されたりした国名に任那がある。

『宋書』倭国伝には、四三八年に、珍は「使持節　都督　倭・百済・新羅・任那・秦韓《しんかん》・慕韓《ぼかん》六国諸軍事　安東大将軍《あんとうだいしょうぐん》　倭国王」の承認を要求したが、「安東将軍倭国王」以外は却下された。その後四五一年に南朝宋は済に対して百済を除く「倭・新羅・任那・加羅・秦韓・慕韓」六国に対する軍事統率権を承認した。

武も四七八年に「使持節 都督 倭・百済・新羅・任那・加羅・秦韓・慕韓七国諸軍事安東大将軍 倭王」を自称するが、百済を除く「六国諸軍事」が授与されている。

これらの場合、「任那」および「任那・加羅」の用例は、広域名称である。広義の任那は、任那と加羅に分割可能な広域名称であり、二国と数えられていることからすれば任那と加羅は分割可能な異なる地域名称となる。おそらく二国とは、金官＝任那と大加耶＝加羅を中心とする南北の地域に分割できる単位だろう。

また、六六〇年頃成立した唐の張楚金《ちょうそきん》私撰『翰苑《かんえん》』（漢学の入門書。蕃夷部《ばんいぶ》のみが残る）の新羅伝に「地は任那を惣《す》ぶ」とあり、分注には「加羅国は三韓の種なり」「加羅・任那は昔新羅の滅ぼす所」「新羅に辰韓・卞辰《べんしん》二十四国及び任那・加羅・慕韓の地有るなり」とある。

ここでは任那が加羅と言い換えられ、「加羅・任那」あるいは「任那・加羅」とある。「今並びに」と表現され両者を並称しているように、総称としての用例と、任那と加羅を区別した用例があり、やはり異なる二つの用例が確認できる（今西龍一九七〇）。

さらに、上古から唐代までの政治や制度を論じた政書で、八〇一年頃に唐の杜佑《とゆう》が上進した『通典《つてん》』辺防門《へんぼうもん》（辺境防衛の編目）新羅条にも、新羅が「加羅・任那」を襲ってこれを滅ぼしたとある。これも二つの地域に区分した用例である。

このように任那は、韓・中の史料からも①加耶諸国の総称、②加羅を除く地域、さらには、③金官を単独に示すという異なる三つの用法が確認できる。『日本書紀』における任那の用法とも大きな違いはないが、『日本書紀』の場合は①の用例が対外関係で、ことさらに多用されることにイデオロギー的意図がある。

時代による範囲の変化

先述したように、『三国遺事』巻二所引の「駕洛国記《からこっき》」には、加耶の範囲を「東は黄山江《こうざんこう》（洛東江《ナクトンガン》）、西南は滄海《そうかい》、西北は地理山《ちりさん》（慶尚南道西端の智異山《チリサン》）、東北は加耶山（慶尚南道《キョンサンナムド》と慶尚北道《ブクド》の境）がそれぞれ境界をなし、南は国のはてになっている」とする。

これは、天から六つの卵が降臨し、駕洛国《からこく》（金官）を含む六加耶の王になったとの伝説を前提としている。「駕洛国記《からこっき》」では加耶の範囲を慶尚南道に限る解釈を採用している。

また、『三国遺事』巻一には「駕洛記《からき》」の賛《さん》（添えられた文章）に、金官と五加耶の国名（阿羅《あら》伽耶・古寧《こねい》伽耶・大加耶・星山《せいざん》伽耶・小伽耶）がある。その場所については注釈があり、それぞれ咸安《ハマン》・咸寧《ハムニョン》・高霊《コリョン》・京山《キョンサン》（碧珍《ジン》）・固城《コソン》に比定する。『三国遺事』巻二所引の「駕洛国記《からこっき》」と大きく異なるのは、古寧伽耶が咸寧に比定され、大きく北に加耶の範囲が拡大することである。そのため間違いとの説もある。

詳細は第3章で述べるが、『日本書紀』顕宗紀《けんぞうき》の記載に従うならば、五世紀末には慶尚南道よりも北方に加耶の領土が存在し、百済の侵攻により占領されたと考えられる。なお、『三国史記』地理志も「古寧加耶国」は古寧（咸寧《ハムニョン》）郡としている。

こうした領土観の違いは、時代により領域が変化したと考えれば合理的に解釈できる。

二つの有力国――金官＝南加羅と大加耶＝加羅

加耶のなかでは、金官（現慶尚南道《キョンサンナムド》の金海《キメ》）と大加耶（現慶尚北道《キョンサンブクド》の高霊《コリョン》）が有力な国だった。加耶の表記が史料によって用例が多様なのは、二つの中心が存在し、時期により盟主的な国が前者から後者に変化したことが大きな要因だ。

金官は、呼称がさまざまだが、以下があてはまると考えられる。

まず三世紀の中国史料『三国志』魏書東夷伝に「狗邪《くや》」として登場する。また、先述したが広開土王碑には「任那加羅」、『三国史記』列伝第六・強首伝《きょうしゅでん》に強首の出自として「任那加良人」と記されている。

『日本書紀』崇神紀には、「任那」から倭への使者が記されるが（六五年七月条）、おそらくこれは金官を示すと考えられる。朝貢という形式は疑問だが、古くから倭と交渉があったことは認められる。

さらに『三国遺事』所引の「駕洛国記《からこっき》」には「大駕洛国」、『日本書紀』垂仁紀にも「意富《おほ》加羅国」とあるように（二年是歳《このとし》条一云）、加耶の中心的な国として金官が表現されている。なお、「意富」は大の意味で、固有名詞ではない。

また『日本書紀』神功紀には、金官は「南加羅」として見える（四九年三月条）。これは北にある高霊《こうれい》の大加耶を中心にした表現である。大加耶が金官を凌《しの》ぐようになった五世紀末以降の状況を前提に、遡《さかのぼ》って記載した表現と考えられる。

五三二年の金官滅亡については、『日本書紀』継体紀や欽明紀には「南加羅」と表現され、こうした記載が神功紀に反映していると考えられる。

他方、大加耶については、たとえば『三国史記』新羅本紀が、五二二年に「加耶国王」が使臣を派遣して婚姻を申し込んだので、新羅王は伊飡《いさん》（第二位の位階）である比《ひ》助夫《じょふ》の妹を送ったとある（法興王九年三月条）。さらに、五二四年新羅王が南の境界を巡行して地境を開拓するとき、「加耶国王」が来会したとある（同一一年九月条）。

これら「加耶国王」が高霊《こうれい》の大加耶に想定されるのは、五三二年の金官の滅亡記事に「金官国主」とあり、「加耶国王」と区別されているからだ。『日本書紀』継体紀では金官を示す「南加羅」と区別して「加羅王」が新羅と同盟し、婚姻したことが記されている（二三年三月是月《このつき》条）。

つまり、韓日の異なる史料で、六世紀には二つの有力な加耶について、金官（『三国史記』新羅本紀）＝南加羅（『日本書紀』）、加耶（『三国史記』新羅本紀）＝加羅（『日本書紀』）という用語の区別が確認できる。

2 通説までの道程——一五〇年に及ぶ研究の軌跡

『大日本史』「任那伝」

加耶の歴史を見ていく前に、『日本書紀』における任那（加耶）について、研究の第一人者だった末松保和《すえまつやすかず》の整理に従い、これまでの研究の歩みを述べておきたい（末松保和一九四九）。

第一にあげられるべきは、『大日本史』の「任那伝」だ（徳川光圀一九二九）。『大日本史』は、近世に徳川御三家のひとつ水戸家の藩主水戸光圀《みとみつくに》が編纂事業を開始したことで知られる。神武天皇から南北朝期の後小松天皇までを対象とした紀伝体（天皇本紀と人物列伝）の史書である。本紀（帝王）七三巻、列伝一七〇巻、志・表（分野史と年表）一五四巻からなり、全部で三九七巻二二六冊に達する。このうち、巻二三七・列伝一六四・諸蕃六に「耽羅《たんら》伝」とともに「任那伝」が置かれた。

これは『日本書紀』の任那関係記事を編年的に集成したもので、出典を明記した本文に対して、若干の分註には漢文体による考証がある。記述は『日本書紀』崇神紀六五年条にある朝貢記事から孝徳紀《こうとくき》大化二年の「任那の調」の廃止までを記載する。基本的には『日本書紀』の抜粋要約にとどまる素朴な任那史であり、本格的な研究はまだされていない。

菅政友「任那考」

明治期における本格的な研究は、一八九三（明治二六）年に完成し、一九〇七年に公刊された菅政友《かんまさとも》による「任那考」三巻が特筆される（菅政友一九〇七）。

構成は、『日本書紀』の任那関係記事の原文を網羅して編年的に抜粋し、参照すべき他書の記事を引用して、詳細な考証を加えている。『大日本史』と同じく『日本書紀』崇神紀から孝徳紀に至る記事を網羅している。

その特色は、末尾に「任那諸国」について考証を付したこと、高句麗「広開土王（好太王）碑文」を用いて「任那加羅」について言及していること、神功皇后の征討を三六二年に比定しているように『日本書紀』紀年を調整し、『三国史記』などの「韓籍」との比較検討に努めたことが指摘できる。

史料批判はまだ不十分だが、以後の研究にも継承される基本的な研究視角の萌芽があり、任那史についての最初の啓蒙書と位置づけられる。任那史を論じながら高句麗・新羅・百済三国の記事も含め、全体として朝鮮諸国との関係史となっている点は、他書にはない。

那珂通世「加羅考」

つぎには、那珂通世《なかみちよ》による「加羅考」があげられる。この論考は、一八九四年から九六年にかけて雑誌連載された「朝鮮古史考」の第八章で、のちに『外交繹史《えきし》』巻二の第一四章に収載されたものである（那珂通世一九五八）。主に朝鮮史料により加羅史の興亡を論じている。『日本書紀』記事を分析した菅政友の「任那考」とは表裏の関係になる。「駕洛国記《からこっき》」などを用いて建国の事情や歴代の王を説明していること、加耶諸国の現地比定を行っていること、加耶琴《かやぐむ》の伝承を紹介していることなどが特筆される。すでに任那の名には「広狭の二様」の用例があるとの指摘もある。

さらに、『外交繹史』巻三の「太古外交考」や巻四の「三韓朝貢志」でも、倭との朝貢の歴史を論じている。加耶についての基本的な史料はほぼ網羅され、「太古外交考」では加耶史の基本的論点を述べ、以後の研究の基礎となった。

ただし、記述は詳細だが伝承的記述への史料批判はまだ十分には行われていない。任那と加羅を金官と大加耶のどちらに比定するかについても混乱が見られる。

津田左右吉の登場――『日本書紀』批判と「広開土王碑」への信頼

大正期の研究としては、一九一三（大正二）年に発表された津田左右吉《つだそうきち》による「任那疆域考《きょういきこう》」があげられる（津田左右吉一九六四）。『日本書紀』に記された任那諸国の位置を主に考察したものである。付録には「韓史に見ゆる広義の加耶及び駕洛国記《からこっき》の六加耶に就《つ》きて」が収められている。『日本書紀』の内在的論理によって加耶諸国の位置比定を行っており、卓淳《とくじゅん》・喙己呑《とくことん》、任那四県などの位置比定について現在でも継承すべき論点は多い。

津田の研究のうち、これら地名考証よりものちの研究に大きな影響を与え、より重要と思われるのは、『日本書紀』への文献批判である。

具体的には『日本書紀』神功紀の対外交渉記事についての論考で、『日本古典の研究』に収められた「百済に関する『日本書紀』の記載」（第四編附録第一、一九二一年）や「新羅に関する物語」（第二編第一章、一九一九年）などである。これらの論考は、一九二四年補訂増補された『古事記及日本書紀の研究』に収められ、最終的には一九四八年と五〇年に『日本古典の研究』上・下として完成する（津田左右吉一九六三）。

それまで、神功皇后の三韓征討記事は紀年の修正を加えて、ほぼ歴史的事実とされてきた。だが津田は架空の物語として退ける。『日本書紀』の材料として百済本位の書き方をした百済系史料の存在を想定し、それ以外の記載は多くの潤色が含まれているとする。そして、継体《けいたい》天皇時代の事実を基礎に作られた昔物語が『日本書紀』神功紀の征討記事とし、「記紀の上代の物語は、概《おおむ》ね後世に存在する或《あ》る事実の起源を説くためのもの」と結論付ける。これらの論点も以後の研究の出発点となっている。

結局、『日本書紀』神功紀の外交記事について、津田は百済王の近肖古《きんしょうこ》王が、甲子《かっし》の年（二四四年→修正三六四年）に初めて日本に交渉を開いたことのみを認定する。津田は、後述する池内《いけうち》宏《ひろし》や末松保和とは異なり、百済系史料（百済記）の記述範囲をきわめて限定的にしか評価していない。

津田左右吉（1873～1961）

他方、「広開土王碑」は史料として信頼し、深読みし過剰な解釈を行っている。そこからは、倭が新羅との衝突以前に加耶を「保護」していたこと（「任那日本府」の維持）、新羅との衝突は加羅の勢力を維持するためとし、百済との交渉は倭に「保護」を求めたものと解釈する。

だが、これらは『日本書紀』神功紀の外交記事への執《しっ》拗《よう》な史料批判に比べると、素朴な思いこみが強く、なんら証明がされていない。倭による加耶の「保護」、すなわち「任那日本府」の存在は、自明なこととして議論していると言わざるを得ない。

津田説の特徴は、『日本書紀』（架空の構想）への批判と「広開土王碑」（新羅圧服の史実）への信頼を明確に分離したことである。

結局、津田は『日本書紀』神功紀の史実性をきわめて限定したにもかかわらず、金石文としての「広開土王碑」の全面的な肯定により、論証なく「任那日本府」の存在を認めていた。

今西龍「加羅疆域考」「己汶伴跛考」

今西龍《いまにしりゅう》による「加羅疆域考《きょういき》」「己汶伴跛考《きもんはへ》」は、それぞれ一九一九年と二二年の大正期に発表され、三七年刊行の『朝鮮古史の研究』に収められた（今西龍一九七〇）。表題に「疆域考」とあり、金官加羅・高霊加耶など諸国別の記載だが、日韓の文献を網羅した加羅史についての総合的な叙述となっている。文章には朝鮮総督府古蹟調査委員として現地踏査した経験が生かされている。

「己汶伴跛考《きもんはへ》」は、加耶の地名のうち、己汶と伴跛の位置について前稿を部分修正した論考である。とりわけ、高霊《こうれい》の大加耶が有力国だと古墳群の存在から想定したことは特筆される。以後、大加耶は金官や安羅《あら》以外の重要な存在として注目されるようになった。

今西の加耶についての著作は、他に一九三四年刊行の『百済史研究』に収められた「百済史講話」（初出一九三〇～三二年）がある（今西龍一九七〇）。これは倭と百済の関係史だが、加耶史についても豊富に言及している。

李弘稙「任那問題を中心とする欽明紀の整理」

一九三六年に発表された李弘稙による「任那問題を中心とする欽明紀の整理──主要関係人物の研究」は、『日本書紀』欽明紀の対外関係記事に登場する主要人物についての考察である（李弘稙一九三六）。『日本書紀』欽明紀に登場する人物名は、『日本書紀』が依拠した原史料ごとに表記が異なる場合が多く、これらを子細に検討したものである。

従来、地名研究が中心だった研究に対して、人物を中心に対外関係記事を検討していることは新たな分析視角として評価される。「日本府官吏」と「百済の日本系官吏」などに分類する方法は、以後に発表されたいわゆる「任那日本府」の人的構成や「倭系百済官僚」を検討する研究の最初となった。

鮎貝房之進「日本書紀朝鮮地名攷」

李弘稙による人名研究と対比されるのは、鮎貝房之進《あゆかいふさのしん》による朝鮮地名研究「日本書紀朝鮮地名攷《こう》」である（鮎貝房之進一九七一）。ほぼ同時期の一九三七年に『雑攷《ざっこう》』第七輯《しゅう》上・下巻として刊行された。上巻は『日本書紀』神代紀から応神紀まで、下巻は雄略紀から天智紀までに記載された一四〇以上の朝鮮地名の考証である。

鮎貝の考証方法は、地名の古訓から古代のみならず近現代に及ぶ朝鮮史料や地図から地名を検出するもので、きわめて網羅的かつ精緻な分析と評価される。日本・朝鮮・中国の地名音を考証し、とりわけ朝鮮語による解釈により地名比定が可能となったことが特筆できる。ただし、語呂合わせのような考証もあり、同様な地名は各地に存在するので、より厳密な議論が必要だった。

池内宏『日本上代史の一研究』

池内宏による『日本上代史の一研究――日鮮の交渉と日本書紀』は、一九一八年に執筆し、翌年の東京帝国大学における「日鮮交渉史」の講義草稿（第一章から第八章）をもとに増訂したものだ。全一二章の構成で一九四七年に刊行された（池内宏一九七〇）。神功皇后の時代から五六二年の任那滅亡までの分析と批判により歴史事件の体系化を試みている。

『日本書紀』神功紀の解釈については、津田説が継体・欽明《きんめい》期における百済の記録（近肖古《きんしょうこ》王が甲子《かっし》の年に初めて日本に交渉を開いたという記事）を基礎にして作られた昔物語とするのに対して、甲子年・丁卯《ていぼう》年・己巳《きし》年という「百済記」に由来する干支の記載を尊重して、百済王と倭王の交渉、百済王が倭王に帰服、倭王が新羅討伐の軍を出したことの三条を「百済記」の記載と認定している。

たとえば「書紀の神功皇后四六年条には、百済来服の事情をといた記事があるが、これは書紀の朝鮮関係の記事のうち、朝鮮側の古記録百済記の利用せられている点において、だいたい歴史的事実を伝えたものと認めることのできる上限である」とする。「西紀第四世紀の末、わが国の勢力が朝鮮半島の南半に国する百済・新羅におよんでいたことは疑うべくもない」とし、『日本書紀』神功紀の骨子を認める立場である。

津田説との大きな違いは、まさにこの点だが、さらに池内は壬午《じんご》（三八二）年における襲津彦《そつひこ》による新羅征討記事を信頼し、「わが国は広開土王の即位の九年前には、すでに新羅に対して圧迫を加えていた」として史実性を認めている。

これに対して津田は「木羅斤資《もくらこんし》の話のある百済記（『日本書紀』神功紀六二年の条引用）の壬午《じんご》も、原書では442A.D.のそれであったかも知れぬ」として、さらに六〇年後の可能性を指摘し、同時代性を疑っている。

池内は『日本書紀』で用いられた「百済記」を十分な検証なしに百済で編纂された古記録・史籍と位置付けた。そのため干支を記した原文的な記事として信頼している。

池内の研究は、「百済記」をそのまま客観性を持った系統的な史実と評価した点が現在の研究状況からすれば問題だった。

末松保和『任那興亡史』

一九四九年に刊行された末松保和《すえまつやすかず》の『任那興亡史』は、『日本書紀』で使われた「百済記」由来の干支を信頼した池内説を継承発展させたものである（末松保和一九四九）。本書は、長く戦後の日韓関係史の通説的位置を占めてきた。

末松説は、津田・池内両氏によりある程度まで尽くされた「否定的批判」のうえに、

「肯定的批判」を前進させたものと自身が評価しているように、「百済記」の記載を基本的に尊重する。

末松も津田同様に、高句麗「広開土王碑」の記述を信頼し、辛卯《しんぼう》（三九一）年における倭の渡海を事実とし、そこから倭王と百済王の関係はそれよりも遡るとする。そのうえで「己巳《きし》年の史実」、つまり、三六九年の倭による加羅七国平定を認める。

末松は、丙寅《へいいん》（三六六）年から壬申《じんしん》（三七二）年に至る『日本書紀』神功紀（四六年条から五二年条）の七年間の記事は、互いに前後相うけて、切り離すことができない連続的な一団の記事であり、そのなかで己巳《きし》（三六九）年の記事が中心であるとする。

末松保和（1904〜92）

その真偽の判定方法は、百済の古史とされた「百済記」に根拠を持つ記事を探すもので「採り用うべき史実の存在」を見出している。このような方法により、次のように史実を認定した。

丙寅《へいいん》年即《すなわ》ち三六六年、日本は、韓地に派遣した使者によって、百済に日本遣使の意図あることを知ったのみならず、その使者の従者は、実地に百済に至り、その意図をたしかめ得た。その翌年（丁卯《ていぼう》＝三六七年）、百済の最初の日本遣使は実現した。その遣使の主旨は、珍宝の貢上にはあらず、実は日本の出兵を請わんとするものであったと考えられる。日本はそれに応じて、一年おいた己巳《きし》＝三六九年に至って大兵を出した。その出兵の目的は、第一、東方に於《おい》て新羅を討ち、第二、西方に於ても示威することであった。新羅を討つということは、具体的にいえば、新羅の服属を直接に要求することよりも、未だ新羅に併されていない加羅の諸国をして、日本に帰依せしめること、換言すれば、新羅の発展を現状でとどめしめることに意義があったと解される。

三六九年における倭による出兵と「任那」成立の想定が、現在における「任那日本府」説の大前提となっている。つまり、百済からの要請による三六九年の画期的出兵により、「任那加羅を中心とする諸韓国の直接支配体系」だけでなく、「外廓《がいかく》に間接支配の百済・新羅を附庸《ふよう》せしめ、任那・百済・新羅の三者合一して、以《もっ》て高句麗に対立する」広大な支配機構が成立したと評価する。

三品彰英『日本書紀朝鮮関係記事考証』

三品彰英《みしなあきひで》『日本書紀朝鮮関係記事考証』上巻では、従来は百済三書が漠然と百済の古記録・史籍と考えられていた点について、三書の内容が六世紀中頃の百済で語られていた伝説的な歴史で、そのような伝説は『日本書紀』編者が造作するはずもないことから、その史実性は承認されるとした（三品彰英二〇〇二）。

神功紀の加羅七国平定の話は、百済聖明《せいめい》王代の現実に立って叙述せられた古き代の伝説史であると考えてもよかろう。そしてそのような伝説は、書紀の撰者が造作する筈《はず》もないことで、当然百済側の史伝、恐らくは『百済記』や『百済本記』の類が、聖明王代の現実を踏んまえて叙述した所伝であろう。

つまり、『日本書紀』編者の造作ではない百済系史料であることから内容には客観性があり、「加羅七国平定の記事」は、潤色を除けばそれに近い史実を認めることができるとする。

日本軍の加羅方面をはじめ、新羅・百済への進駐は、かの広開土王碑の語るところによっても明らかであり、当時加羅方面では安羅《あら》がその有力な拠点であった。神功紀四十九年を干支修正して三六九年とすれば、四世紀後葉には日本の加羅経営が開始されており、その時いわゆる加羅七国の範囲を含んでいたとしても過当な推断ではなかろう。その意味において、神功紀四十九年の七国平定の記事は、後代からの潤色された書き振りを取り去って、しかもそこに、それに近い史実を認めることが出来るであろう。

三品は、百済三書を六世紀中頃の百済で語られていた伝説的な歴史として位置付け、五九八年までに撰述され、日本へ呈上《ていじょう》されたと推測する。そして、「百済記」よりも「百済本記」が新しく、「百済記」の続編として撰述されたとする。

「百済記」については、まず『日本書紀』神功紀と応神紀の対朝鮮関係記事のうち、史料で信憑度の高い部分はほとんど本書に依拠したと推定する。そのうえで内容は加羅諸国及び南韓地域に対する百済の特殊権益を主張したものである。六世紀の聖明《せいめい》王代の理想を、四世紀の近肖古《きんしょうこ》王代に投影したもので、日本に対して百済が主張する歴史的根拠として欽明期から推古《すいこ》期にかけての史実を意識して「百済記」が撰述されたとする。

三品説は、百済史料の利用の仕方を三区分し、巻ごとの利用態度の分析に道を開いた点、さらにそれまで一括して扱われていた三書を区別し、百済と日本との関係を主題とした特殊な外交史との立場から、「百済記」編纂の背景を論じた点が大きく評価できる。

しかし、少なくとも「日本」の用字の使用時期を古くに遡らせることは無理がある。早くとも七世紀後半以降の記載としなければならず、『日本書紀』による改変や潤色あるいは、百済系遺民による編纂献上を想定する以外に合理的説明はできないと思われる。

また、六世紀の聖明《せいめい》王代の理想を、四世紀の近肖古《きんしょうこ》王代に投影したものとの正しい理解を示しながら、同時代史である「百済本記」よりも、理想像の「百済記」の成立が古いとする。この点は納得しづらい。

「戦後の通説」の骨格

さて、いままで研究史をながめてきたが、戦後の通説の大枠は、二つから成り立っている。

一つは池内説を継承発展させた末松説を基本とする、「広開土王碑」にみえる辛卯《しんぼう》年

＝三九一年の倭の渡海記事への信頼である。

もう一つはその前提となる『日本書紀』神功紀における「己巳《きし》年の史実」である。これは典拠となった「百済記」を信頼したもので、三六九年に百済からの要請によって倭が新羅へ行った大規模な画期的出兵であり、倭による加羅七国平定を指す。

だが、後で詳述するが、史料批判を行えば「広開土王碑」は客観的な記述ではない。高句麗中心の世界観や守墓役体制（王墓を守る労役を負担させる制度）の維持を主張するための碑である。そこでは倭の活動が誇張されている。

また、池内宏説と同様に「百済記」を含む百済三書は百済の古史で、『日本書紀』とは離れた客観的な歴史書として、さしたる史料批判なしに肯定的に評価してきたのも問題がある。

任那日本府の成立はこの二つが大前提となっている。すなわち、末松によれば、百済からの要請による三六九年の新羅への画期的出兵により、「任那加羅を中心とする諸韓国の直接支配体系」だけでなく、「外廓《がいかく》に間接支配の百済・新羅を附庸《ふよう》せしめ、任那・百済・新羅の三者合一して、以《もっ》て高句麗に対立する」（『任那興亡史』）広大な支配機構が成立したと評価する。

ただし、末松は「任那日本府」については「安羅《あら》に在《あ》る諸々の倭臣ら」が最も真実に近い表現であり、「近代の朝鮮総督府の如《ごと》き行政官庁の存在を想像することは出来ない」とも述べている。

研究の問題――『日本書紀』神功紀＝「百済記」への評価

このように、任那の史実性は、『日本書紀』神功紀における「加羅七国平定記事」が支えてきた。「広開土王碑文」への信頼と、古い百済系史料である「百済記」による『日本書紀』が造作を受けにくいという客観性がそれを担保してきた。

ただし、『日本書紀』神功紀については、津田左右吉が継体天皇時代の事実を基礎に作られた昔物語が『日本書紀』神功紀の征討記事であるとして、その史実性を否定する。

それに対して池内宏、末松保和は、基となる百済三書について史実を語る歴史書と認める。三品彰英は批判的に六世紀中頃の百済で語られていた伝説的な歴史としながらも、潤色を除けばそれに近い史実を「加羅七国平定の記事」には認められるとした。

結局、津田と池内・末松・三品らの説が『日本書紀』神功紀の解釈について対立しているのは、「広開土王碑」への絶対的な信頼感は共通するものの、「百済記」への史料的評価が大きく異なることに原因があった。次節ではこの二つの史料について検討したい。

3 広開土王碑と百済三書——史料批判による精緻化

広開土王碑の史料批判

「広開土王碑」の大きさや設置場所については一四ページに記したが、ここでは史料としての価値について詳細に述べておきたい。

古来「広開土王碑」は存在した。一八八三年（明治一六）に清国に派遣されていた軍人酒勾景信《さかわかげあき》が初めて拓本を日本に持ち帰ったことで注目される。その後、見栄えがするよう碑文の文字に石灰を塗布した石灰拓本が作成された時期があった。そのため、日本軍が石灰を塗布して文面を一部改竄《かいざん》したとの説が提起されたが、石灰塗布以前の「原石拓本」がいくつか中国で発見され、編年研究も深化し、改竄の可能性は低くなった（徐建新二〇〇六、武田幸男一九八八・二〇〇九）。

なお、二〇一二年七月には中国吉林省《きつりんしょう》で「広開土王碑」の内容に類似した石碑が発見された。加耶関係の記述はなかったが、全文一八〇二字のうち一五六字が釈読されている。王家の神話的由来や守墓人に対する禁令は類似するが、「四時祭祀」「烟戸頭（守墓人たちの長）」「廿人《にじゅうにん》」などの記載は独自のものである（集安市博物館二〇一三）。

近年の研究によれば、広開土王碑の三つの段落は互いに連関する。神聖なる王の武勲により拡大された領土、各地から徴発された守墓人の存在、さらに王家の権威を可視的に高めるという密接な関係を持つという。さらに、この碑が単なる墓誌ではなく、守墓役制（王墓を守る労役を負担させる制度）の維持強化のため、「法令宣布の媒体」たる「石刻文書」として立碑されたことが指摘されている（武田幸男一九八九、李成市二〇一八）。

さて、歴史的記述として注目されてきたのは、第二段落の武勲記事である。ここには、四世紀末に倭が、朝鮮半島に出兵して高句麗と戦った記述がある。

倭は辛卯《しんぼう》（三九一）年以来、海を渡って百済を破った。

この文章は「前置文」である。「高句麗王が自ら水軍を率い、百済を破った」と、王

広開土王碑拓本（1面）石灰拓本

の親征による戦果を劇的に高めるために用いられた筆法である。

「広開土王碑」は、倭によって引き起こされた高句麗王の親征を必要とする不利な状況を思い起こさせる。倭は、しばしば国境を侵す強大な敵として描かれる。だが、高句麗の立場での誇張と考えなければならない。

そして、とりわけ、四一四年における長寿《ちょうじゅ》王による父王への勲績顕彰という立場から読み解くべきである。

つまり長寿王の時代に、父王が新たに獲得した領土から徴発した守墓人の売買を禁止した時点（第三段）から遡って、父王の武勲記事（第二段）が選択されており、すべての王の遠征記事が網羅された客観的な年代記ではない。

さらに、本来ならば百済が主に負うべき敵対国としての存在を、すべて倭に当てはめている。このことは、高句麗主体の天下観を示しており、倭についての歪曲が大きいことを想定させる。このように「前置文」における強大な敵として倭を描いていることからすれば、客観的な年代記として碑文を解釈できない。

碑文の辛卯《しんぼう》（三九一）年条の記載によれば、倭はしばしば渡海して百残（百済の蔑称）を攻め、百済と新羅を「臣民」としたという記述がある。倭が高句麗の「属民」であるべき百済・新羅を「臣民」としたことに重要な史料的価値を認めることはできないが、少なくとも高句麗の南下政策に百済が抵抗し、倭は百済の後ろ盾として朝鮮半島にたびたび派兵を求められたことは疑いない。

「属民」「朝貢」「奴客」などと同様に、「臣民」という誇張的表現は信用できないが、弥生時代以来、朝鮮半島南部との間で高品位の鉄素材を中心とした先進文物の供給を求めて交易が行われ、継続的に人的交流が行われていたことは、土器を含む倭系遺物の出土状況からも想定される（朴天秀二〇〇七）。ただし、碑文にみえる「倭」がヤマト王権を背景とすることは疑いにくい。

他方で、慎重な史料批判は必要だとしても、『三国史記』新羅本紀には、五世紀末までしばしば記載される「倭人」との交戦記事があり、そのすべてをヤマト王権とは無関係とし、加耶地域の住民や北九州の海賊などとする説があるが無理がある。

出兵の内実

ヤマト王権を背景とした出兵は否定できないが、その内実については慎重に考慮する必要がある。少なくとも倭による積極的な出兵でなかったことは、以下三点から言える。

一つは、百済の近肖古王《きんしょうこ》の時代に倭と百済が交渉を開始したという「百済記」の記述である。

二つ目には、倭に百済から伝来した七支刀《しちしとう》が存在することだ。七支刀とは石上《いそのかみ》神宮（天理市）に神宝として伝えられる特異な形状の刀だ。そこに刻まれた文字から百済と倭の良好な関係がうかがえる。七支刀については、第2章で詳述する。

三つ目には、「広開土王碑」に記された三九九年、「百残（百済）」が倭と「和通」しとあり、百済からの働きかけによる出兵が想定されるが、その内実は少数の九州の軍士が中心だったと考えられるからだ（仁藤敦史二〇二四）。これについては、第3章で詳述する。

「広開土王碑」からわかるのは、百済に主導された九州勢力を中心とする出兵の可能性である。「広開土王碑」にみえる三九一年の倭の渡海記事からは、「大和朝廷」による南部朝鮮支配、つまりはヤマト王権による任那支配が事実だったことを証明することはできない。

『日本書紀』のなかの「百済三書」

先述したように『日本書紀』には百済との対外交渉を示す記事が、神功紀・雄略紀・継体紀・欽明紀を中心に数多く存在する。この記載の主要な編纂史料が「百済三書」である。

百済三書とは、繰り返すが百済の歴史を記録した「百済記」「百済新撰」「百済本記」の総称で『日本書紀』にのみ引用されている。『日本書紀』では三書が書名を示し、註で具体的に引用されている。その箇所は、神功紀四七年条から欽明紀一七年条まで、合計二六ヵ所に及ぶ。

その内訳は、「百済記」が神功・応神・雄略紀に五条、「百済新撰」が雄略・武烈紀に

0-2 『日本書紀』に直接引用された「百済三書」

成立順	史料名	引用箇所と時期	引用数
2	百済記	神功紀、応神紀、雄略紀 4世紀後半？～5世紀後半	5
3	百済新撰	雄略紀、武烈紀 5世紀末～6世紀初頭	3
1	百済本記	継体紀、欽明紀 6世紀初頭～後半	18

註記：「引用数」は、註で具体的に指摘されている箇所の合計。それ以外にも本文作成上、使用されたと考えられる

三条、「百済本記」が継体・欽明紀に一八条である。それ以外にも地名・人名を一字一音で表記する用字法が共通することから、対外関係を記した欽明紀以前の本文の作成にも多く利用されたと考えられる。

『日本書紀』における百済三書の利用は、三類型に分けられる。本文単独では内容が十分理解できず、引用分注の補足により初めて本文の意味が具体的にわかる要約型、そのまま引用していないが、内容や用語により、百済系文献に依拠したことが容易に推測できる原文型、日本側所伝と組み合わされた複合型である（三品彰英二〇〇二、井上秀雄一九七三）。

「百済三書」の史料的性格

百済三書の時代順は、まず亡命百済王氏の祖王の時代を記述した「百済本記」。つぎに百済と倭の交通および「任

那」支配の歴史的正当性を描いた「百済記」。最後に傍系王族の後裔を称する多くの百済貴族たちの共通認識をまとめた「百済新撰」となる。ただし、百済三書は順次編纂されたが、共通の目的により統合され、まとめられたと考えられる。

百済三書が本来、通時代的な歴史書だったか、部分的なものだったかについては諸説あるが、引用時期が限定的であることから後者と考えられる。つまり、三書とも「王代」と「干支」を基本的に記載した外交に特化した特殊史である。

百済三書が引用する逸文には、明らかに七世紀後半以降から使われはじめた「天皇」や「日本」などの用語が含まれている。そのため『日本書紀』編者の潤色改変を想定できる。その一方で百済三書の用字は統一されておらず、古い推古天皇時代の用字もある。このことから、原史料は古いことが考えられる。

この新旧の併存は、百済三書を六六〇年の百済滅亡後に倭に渡来した亡命百済人らが、八世紀初頭以降に編纂した書物とすれば理解可能だ。つまり、「天皇」「日本」といった新しい用語を本格的に使いはじめた八世紀初頭段階に、「百済本位の書き方」をした古い原史料を素材として編纂したと考えれば矛盾しない。

また、分注で引用された百済三書に対する『日本書紀』編者の潤色は少なかったと考えられる。それはヤマト王権の国号が、「貴国」(「百済記」)・「(大)倭」(「百済新撰」)・「日本」(「百済本記」)と表記が不統一だからだ。さらに、百済三書には、原史料に存在した加耶諸国よりも百済を上位に位置付ける「百済本位の書き方」と、亡命百済人により加筆された「日本への迎合的態度」が混ざっている。

繰り返すが八世紀初頭に『日本書紀』編者たちは、亡命百済人による「百済本位の書き方」「日本への迎合的態度」のある百済三書を用いて、『日本書紀』を編纂した。とりわけ「百済記」は、「百済本記」が描く六世紀の百済聖明《せいめい》王代の理想を、四世紀の近肖《きんしょう》古《こ》王代に投影し、「北敵」たる高句麗を意識している。さらに百済が主張する歴史的根拠を意識して描いたものである。

したがって、百済三書が内容に客観性があり、史実を投影しているという考えには従うことができない。従来の研究が、「百済記」を十分な検証なしに百済で編纂された古記録・史籍と位置付け、干支を記した原文的な記事を信頼し、そのまま客観性を持つ系統的な史書と評価した点は、実は問題である。

では、こうした加耶史を扱った史料群の複雑さを認識したうえで、加耶の歴史を世紀単位で語っていきたい。

第1章

檀君神話から金官・大加耶へ

この章では、従来、倭による支配の対象としてのみ捉えられてきた加耶《かや》／任那《みまな》の歴史を、朝鮮古代史の正しい文脈に位置づける。神話・伝承から歴史への流れのなかで加耶の前史を検討していこう。

1　「古朝鮮」の虚実――檀君、箕子・衛氏朝鮮時代

古朝鮮の時代

加耶地域の歴史を語る前に、その前史について簡単に述べておく。

後代の李氏《りし》朝鮮（朝鮮王朝、一三九二～一八九七）と対応し、前一〇八年における前漢の武帝による漢四郡、つまり楽浪《らくろう》・真番《しんばん》・臨屯《りんとん》・玄菟郡《げんとぐん》の設置以前の古代朝鮮を「古《こ》朝鮮《ちょうせん》」という。古朝鮮は、檀君《だんくん》・箕子《きし》・衛氏《えいし》の三つの朝鮮を総称する。しばしば、檀君神話や箕子伝説と称されるように神話・伝承的な歴史として語られる。

中国最古の地理書である『山海経《せんがいきょう》』は「朝鮮」、春秋戦国時代の政治家管仲《かんちゅう》に仮託し

て書かれた法家《ほうか》の書物『管子《かんし》』は「発・朝鮮」という国名、地名を記している。「朝鮮」という地名自体はすでに前四世紀頃から存在したことが確認できる。しかし、歴史的に実在が確認できる国は、前二世紀に存在した衛氏《えいし》朝鮮以降である。

古朝鮮の歴史的評価は、東アジアの中国・日本・韓国など各国の歴史学・考古学のなかで、その評価には大きな差異があり、共通の理解は必ずしも確立されていない（朝鮮史研究会二〇一一）。

韓国や北朝鮮では、檀君神話のなかに歴史を見出す傾向が強い。日本でいえば、記紀における天孫降臨《てんそんこうりん》や神武天皇に史実の反映を考える立場に近い。とりわけ、北朝鮮では高句麗《こうくり》墓の遺骨を檀君と認定し、実在を主張している。

しかし、国家形成と金属器の使用が対応しているとすれば、朝鮮半島における青銅器使用の開始は前一〇世紀であり、これ以前の新石器時代に統一国家が存在したとは考えにくい。あくまで建国神話と評価するのが妥当だろう。

檀君神話

檀君神話とは以下のようなものである。

一三世紀に成立した歴史書『三国遺事《さんごくいじ》』によれば、中国伝説の天子堯《ぎょう》の時代に帝釈《たいしゃく》天《てん》である桓因《かんいん》の庶子桓雄《かんゆう》が人間世界を治めたいと願い、太伯山《たいはくさん》頂上の神檀樹《しんだんじゅ》の下に風・雨・雲の神（風伯・雨師《うし》・雲師《うんし》）とともに降臨し人々を教化した。その後、人間になりたいと訴えた虎と熊に、桓雄はヨモギとニンニクを与え、物忌《ものい》み（穢《けが》れを避けること）をさせた。虎は途中で投げ出し人間になれなかったが、熊は女の姿となる。配偶者となる夫が見つからないので、桓雄は人の姿に身を変えてこれと結婚し一子を儲けた。これが檀君王倹《おうけん》である。

檀君は、堯《ぎょう》帝（唐高）が即位した五〇年後に平壌《へいじょう》城を都とし朝鮮と号した。朝鮮王朝時代の歴史書『東国通鑑《とうごくつがん》』によれば前二三三三年である。以後一五〇〇年間（一〇三八年説もある）朝鮮を統治したが、周の武王が朝鮮の地に殷《いん》の王族である箕子を封建したので、檀君は山に隠れて山の神になったと伝える。

高麗末期の一二八七年に李承休《りしょうきゅう》により編纂された歴史書『帝王韻記《ていおういんき》』には、檀君は、高句麗・新羅など朝鮮半島諸国全体を統治した君主とも伝える。こうした檀君による広域支配は、後世における民族統合の意識と無関係ではない（橋本繁二〇一七）。

檀君神話が登場するのは高麗《こうらい》時代で、序章で詳述した『三国遺事』と『帝王韻記』が記された一三世紀後半以前である。ただし伝承自体は、一一四五年に成立した朝鮮最古の歴史書『三国史記《さんごくしき》』よりも古い。『三国史記』が引く「旧三国史」（一一世紀後半以前の成立）系統の記事であることから、一一世紀以前に形成されたと考えられる。

檀君神話は、一〇世紀から一一世紀に契丹《きったん》の高麗侵攻の頃に原形が形づくられ、モンゴルの高麗攻略の際に、神話がより充実した（田中俊明一九八二、武田幸男一九九七）。建国神話に民族統合や抵抗のシンボルとしての役割を求めたのである。

箕子東来伝説

箕子《きし》は、檀君神話にも登場するが、中国殷《いん》王朝の末期に、最後の王だった紂王《ちゅうおう》の親戚で、紂王の暴政を諫《いさ》めた聖人とされる。殷の滅亡後、周《しゅう》に仕えることを潔しとせず、朝鮮で国を開いたと伝える。これが箕子東来説である。

漢代に成立した『史記』には、周の武王《ぶおう》が箕子を朝鮮に封建したと記す。また『漢書』には、箕子が殷を去って朝鮮に行き、民を教化したと伝える。このように中国史書では朝鮮教化の開祖として箕子は位置付けられている。ただし、朝鮮支配の大義名分として箕子伝説が用いられたもので、史実としては認定できない。

歴史として「朝鮮」の国名が確認されるのは、戦国の七雄のひとつ燕《えん》が遼東半島に勢力を伸ばす前四世紀以降である。その頃、東方に朝鮮と呼ぶ勢力が存在し、燕は濊貊《わいばく》・朝鮮・真番などと「利をつないだ」（交易した）とある（『史記』貨殖列伝《かしょくれつでん》）。朝鮮・真番は、周辺小国群をゆるやかに束ねる盟主的な有力首長国だった。朝鮮には、王が存在したが、やがて燕による圧力により弱体化したらしい。

『史記』『漢書』は「箕子東来伝説」を記すが、おそらく漢代に楽浪郡をはじめとする朝鮮半島の四郡に移住した漢人たちによって箕子伝説は造作されたと考えられる（武田幸男一九九七）。中国に傾倒した高麗王朝では箕子東来伝説が史実として扱われた。

前二二一年に秦の始皇帝が中国を統一すると、その勢力は遼東半島にまで及んだ。当時の箕子朝鮮王否《ひ》は秦に服属したが、朝貢はしなかった。後を継いだ子の準《じゅん》は箕子朝鮮最後の王とされる。

衛氏朝鮮

衛氏《えいし》朝鮮を建国する満《まん》は、燕《えん》に仕えていた。『史記』朝鮮伝には朝鮮王満は「故燕人」とある。韓国では朝鮮系の人物とする見解もある。満は、徒党一〇〇〇人を率いて鴨緑江《おうりょくこう》を渡り朝鮮に亡命した。斉《せい》・趙《ちょう》・燕など数万に及ぶ中国からの流民を統治し、勢力を蓄えた満は、朝鮮王準を攻め追い出し、平壌に都を置き、自ら王となった。これが衛氏朝鮮のはじまりとされる。その後、衛満は漢の外臣《がいしん》となり、真番・臨屯などの周辺諸族にも勢力を広げた（橋本繁二〇一七）。

漢王朝は周辺国を圧迫していることを問題視し、朝鮮征討を議論する。前一四一年、前漢の武帝が即位すると、衛満の孫右渠《うきょ》に対してその独立的な動きを責めた。前一〇九年になると、武帝は匈奴《きょうど》を牽制する目的から、五万の兵により衛氏朝鮮を討伐する。右渠は果敢に抵抗したが、臣下の漢への脱落が相次ぎ、降伏する。

このようにして古朝鮮は、衛氏の時代に最後を迎えた。朝鮮半島の中・西北部にあった衛氏朝鮮は滅亡し、前一〇七年までに前漢の直轄領として楽浪・真番・臨屯・玄菟の四郡が置かれた。

なお、衛氏に追い出された朝鮮王準は、側近らと逃げだし、海路、馬韓《ばかん》に入って、自ら「韓《かん》王」を名乗ったという（『三国志』韓伝）。

2　三韓時代へ――朝鮮四郡と馬韓・辰韓・弁韓

朝鮮四郡の変遷

朝鮮四郡は、衛氏朝鮮を滅ぼした前漢の武帝が設置した。
四郡の設置以前にも、前漢は蒼海郡《そうかいぐん》を置いたが短期間で廃絶している（前一二八～前一二六年）。楽浪・真番・臨屯の三郡は前一〇八年に、玄菟郡は、翌年の前一〇七年に設置された。以後、前漢王朝から晋王朝にかけての郡県制による支配は約四〇〇年間存続する。

朝鮮半島中部・北部を中国中央からの官吏の派遣により直接支配し、朝鮮半島南部や倭に対しては定期的な郡への朝貢により間接的な支配を及ぼした。しかし、四郡は領域を接しているわけではなく、面的な領域支配ができないため、拠点の支配と交通路の維持に限定されていた。

各郡の位置比定については諸説があり、いまなお確定していない。だが、およそ楽浪

3世紀後半、三韓時代の朝鮮半島

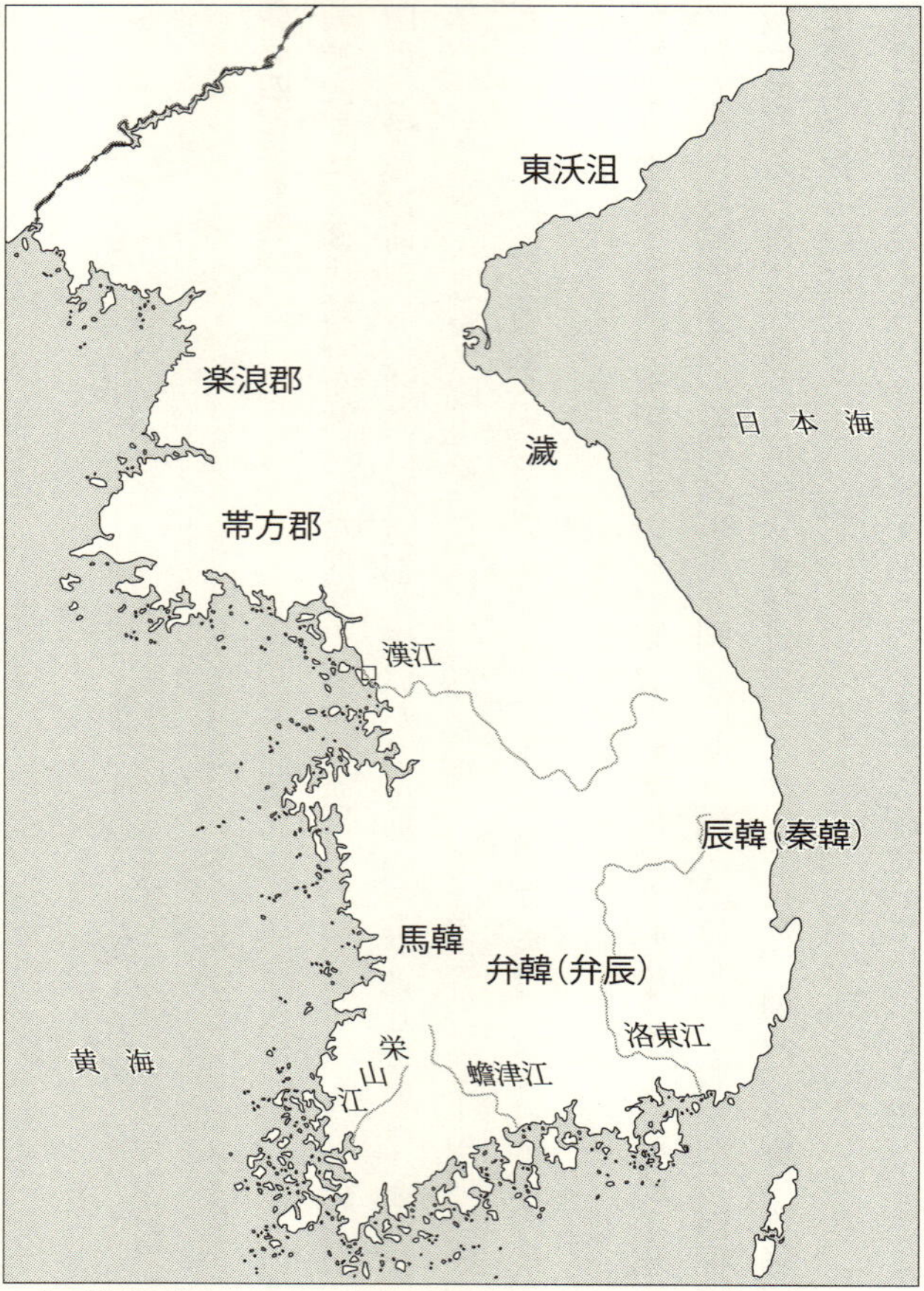

出典：『新版 韓国の歴史』（明石書店、2000年）を基に筆者作成

郡は平壌付近（当初はソウル付近か）、真番郡は楽浪郡の南で朝鮮半島南部の西海岸、臨屯郡は楽浪郡の東で朝鮮半島の東海岸、玄菟郡は鴨緑江の中流域から東海岸の北部と想定される。

四郡の所在地論については純粋な学問的な議論だけでなく、現代の政治・外交立場と関連した議論が行われている。高句麗史が中国地方史の一部とする中国の主張（「東北工程」と呼ばれる国家プロジェクト）や、古朝鮮における独立的国家の存在、日本の植民地史観の克服を強調する北朝鮮や韓国在野史学の立場からの主張があり、議論は複雑化している。

四郡のうち、真番郡と臨屯郡は前八二年に廃止され、前七五年に玄菟郡は朝鮮半島から西に移ったので、以後しばらくは玄菟郡と臨屯郡の一部もあわせた二五県を有する楽浪郡のみとなる（大楽浪郡）。

二世紀後半に遼東半島で支配を拡大し自立した公孫《こうそん》氏は玄菟郡と楽浪郡を支配し、二〇四年には楽浪郡を分割し、新たに帯方《たいほう》郡を置いた。以後、韓と倭は帯方郡の管轄下に置かれることになる。

二三八年に魏が公孫氏を滅ぼすと、楽浪郡と帯方郡の支配は中国王朝に奪還され、このときに倭の卑弥呼《ひみこ》による朝貢《ちょうこう》が行われたのはよく知られる。三一三年に楽浪郡、次いで帯方郡が高句麗の攻撃により滅亡した。

以後も、中原の戦乱を避けるために漢人の流入は続き、コロニー（外国人居留地）としての性格はしばらく存続し、楽浪文化とも称される中国文化の流入口となった。

馬韓の記載――『三国志』韓伝

魏王朝による楽浪郡と帯方郡の掌握により、中国人の東方の知見は飛躍的に拡大する。『三国志』魏書東夷伝には、扶余《ふよ》・高句麗・東沃沮《ひがしよくそ》・挹婁《ゆうろう》・濊《わい》・韓・倭の七つの地域について具体的な記述がある。地域ごとに、中国との交渉の歴史や風俗が詳細に記されている。このうち統一的な王が存在したのは扶余・高句麗・倭であり、その他は小国群だった。

『三国志』韓伝によれば、韓地域は馬韓《ばかん》・辰韓《しんかん》・弁韓《べんかん》（弁辰《べんしん》）の三韓に分かれている。

およそ馬韓は現在の京畿道《キョンギド》から全羅南北道《チョルラナムブクド》、辰韓は慶尚北道《キョンサンブクド》、弁韓（弁辰）は慶尚《キョンサン》南道《ナムド》あたりに比定される（六〇頁地図参照）。

帯方郡の南で、黄海に接した朝鮮半島南西部に位置する最も広大な馬韓地域には、五〇余国の小国が分立していた。『三国志』韓伝には「凡《およ》そ五十余国」とあり五五の国を列記、『後漢書』韓伝は「五十四国」、『翰苑《かんえん》』註所引の「魏略《ぎりゃく》」には「小国五十六国」とある。

馬韓の言語は辰韓や弁韓とは異なっていた。馬韓の民は土着で農耕や養蚕をし、綿布を織っていたという。諸国には「長帥《ちょうすい》」「渠帥《きょすい》」「主帥《しゅすい》」といわれた有力者がいて、大なる者は「臣智《しんち》」、その次は「邑借《ゆうしゃく》」といった。「臣智」とは「臣たるもの」の意味で、中国皇帝に対する臣下のことである。それを諸国の首長の立場から表現したもので、「邑借」は、「邑を治める者」の称号とされる（武田幸男一九九五・一九九六）。大国は一万余家、小国は数千家あり、馬韓全体では一〇万余戸となる。

馬韓建国は、先述したように箕子《きし》朝鮮王準《じゅん》が衛満《えいまん》に攻められ、側近らと逃げだし、海路、馬韓に入って、自ら「韓王」を名乗ったことにはじまる。

『後漢書』には、数千の残党を連れて海に入り、馬韓を攻めて打ち破り、「韓王」として自立したとある。その王系は途絶えたが、その祭祀を続けている者がいたという。

やがて馬韓北部の小国の一つだった「伯済国《はくさいこく》」が、遅くとも四世紀前半頃までに百済となり、馬韓を統一する。

辰韓から新羅へ、弁韓から加耶諸国へ

朝鮮半島南部の辰韓と弁韓は雑居していた。両者はそれぞれ一二の諸国に分立していた。『三国志』韓伝には「合わせて二十四国」とある。それらの辰韓と弁韓の諸小国の首長は称号を持ち、最大のものは「臣智《しんち》」と言った。以下、「険側《けんそく》」「樊濊《はんわい》」「殺奚《さっけい》」「邑借《ゆうしゃく》」の五つの称号を使用した。馬韓とは「臣智」「邑借」の名称が共通する。

大国には四〇〇〇から五〇〇〇家、小国には六〇〇から七〇〇家があり、合計して四万から五万戸があったという。ただし、馬韓に比較すると両地域合わせても半分以下の規模である。

辰韓は、秦韓《しんかん》とも記された。その場所は馬韓の東、のちの新羅とほぼ重なる。その境界は、南にある弁韓と接する。先述したように、諸国は入り組み、もともと六国だったが、のちに分かれて一二国となり、やがて辰韓の小国の一つだった「斯盧《しろ》」が新羅となり統一する。

弁韓人とは、互いに雑居し風俗や言語は似通っていたが、神の祭り方が異なっていた。古老の伝承では、中国からの逃亡者の子孫であり、秦の労役を逃れて韓の国にやって

きたとき、馬韓が土地を割いて与えてくれた。そのため言葉は馬韓と異なり、秦の言葉と類似するという。付会の説だが、一部に中国系の移民がいたことは想定される。『三国志』韓伝註所引の「魏略」によれば、前漢と後漢の間、王莽《おうもう》の時代に「辰韓」の大首長だった廉斯《れんし》の鑡《さく》が楽浪郡に投降したとある。

また『後漢書』韓伝には、四四年に、廉斯《れんし》国人である蘇馬諟《そまし》が、楽浪郡に来て貢《こう》を献じ、後漢の光武帝《こうぶてい》は「韓廉斯邑君」に蘇馬諟を冊封《さくほう》し、楽浪郡に所属させたと記す。記載が正しければ、すでに「辰韓」の名称が王莽の時代に存在し、その有力国として「廉《れん》斯《し》国」が存在した。しかし、『三国志』韓伝の辰韓一二国のうちには、「廉斯国」の名はない。

弁韓は弁辰《べんしん》とも記された。その場所は馬韓の東、辰韓の南に位置し、のちの加耶とほぼ重なる。土地は肥沃で、五穀や稲の栽培に適し、養蚕を知り縑布《けんぷ》（細かく織った絹）を作った。国内には鉄を産し、韓・濊《わい》・倭の人々が鉄を求めてやってきた。楽浪・帯方の二郡にも供給した。鉄の生産は、のちに同地での金官《きんかん》台頭の理由となる。

『三国志』韓伝によれば風俗は、歌舞・飲酒を好み、婚礼の作法には男女の区別があり、葬送には死者を飛翔させるため大鳥の羽根を用いた。武器は馬韓と同じだった。道ですれ違えば、すすんで相手に道を譲ったという。のちに詳述するが、金官と大加耶がこの地域の盟主となり連合をつくる。

3　いにしえの辰国——三韓以前の半島南部

国なき三韓の辰王

少し話が戻るが、『三国志』韓伝によれば、辰韓は「古《いにしえ》の辰国《しんこく》」とある。三世紀にはすでに滅亡していた「辰国」がその前身とされる。また、『後漢書』は、三韓すべてが「皆《みな》古《いにしえ》之《の》辰国《しんこく》」だったとし、「辰王《しんおう》」が三韓全体の王だったとする。すでに存在しない辰国に過大な評価をしている。

『史記』『漢書』によれば、衛氏《えいし》朝鮮の時代に朝鮮半島南部に「辰国」が存在したとあるが、辰国の記載は混乱している（三品彰英一九四四）。ただし、『漢書』朝鮮伝は基本的に『史記』からの転載のみで独自の記載はない。

しかし、『三国志』韓伝註所引の「魏略」によれば、衛満《えいまん》の孫の右渠《ゆうきょ》王が漢武帝の侵略を受ける前に、東方にある「辰国」に亡命し、民二〇〇〇余戸が従ったという記載がある。宋版『史記』には「真番旁辰国《しんばんぼう》」（真番〔郡〕に隣接する辰国）とあることも合わせ考えると、衛氏朝鮮の時代に朝鮮半島南部に「辰国」が存在したことは否定しにくい。

この「辰国」はその後滅亡し、三世紀に魏が三韓を掌握した段階では「古の辰国」と記され、「辰王」のみが存在した。

『三国志』韓伝は、辰国滅亡後も「辰王」について断片的にのみ記載する。辰国はすでに滅亡しているにもかかわらず、辰王は馬韓にいて、辰韓と弁韓を支配したとある。

公孫氏による擁立、魏による温存

こうした不可思議な辰王の記述は、弁韓から生まれた加耶諸国の前身を考える場合に無視できない。武田幸男の説を参照しつつ、辰王の秩序がいつ頃から、どういった影響により作られたかを考えたい（武田幸男一九九五・一九九六）。

辰王配下の官職は、基本的には魏王朝の官と同様に位置づけられていた。これは魏が楽浪・帯方郡を公孫《こうそん》氏から奪還した二三八年以降の秩序である。他方で、後漢以来の在地秩序があり二元的な編成だった。辰王の支配は、馬韓にある月支国《げっしこく》を拠点とし、馬韓および弁韓の沿岸部の有力国を含み、辰韓と弁韓の二四ヵ国の半数を「統属」していた。辰王の出自と王位の継承については、『三国志』韓伝には「辰王は常に馬韓人を用い、担当させる。王は世襲されている」とあり、その註に引用された「魏略」には「辰王は、明らかに流亡の民であるから、馬韓の支配下にある」とある。流亡の人なのに馬韓人という説明はわかりにくいが、公孫《こうそん》氏時代には楽浪・帯方郡方面に居住し、魏代にやや南方の月支国《げっしこく》に移動したとも解釈できる。

魏以前に遼東半島から朝鮮半島にかけて支配していた公孫《こうそん》氏は、楽浪郡から帯方郡が分立した二〇四年以後、自らと親密な韓人（馬韓人）を、三韓との交渉窓口として辰王に仕立てて、代々王位に即《つ》かせた。魏は公孫氏と密接な関係にあった辰王の秩序を弱めつつも温存し、自らの官の系列支配を浸透させたと考えられる。

辰王が自立できないのは、そもそも公孫氏による擁立であり、魏による三韓支配政策による面が大きかったからだろう。

滅亡

辰王が断絶するのは、二四六年のことと考えられる。『三国志』韓伝によれば、以下のようである。

魏の役人が、楽浪郡がもともと三韓諸国を統括していたという理由から、辰韓のうち八国を分割し楽浪郡に編入した。その際、役人や通訳の言うことが違い、諸国の人々が怒り帯方郡を攻めた。それに対して時の帯方太守《たいほうたいしゅ》は、これを討伐し彼らを滅ぼした。三韓全体の反乱に拡大したのは、辰王による三韓の伝統的支配があったからだと思われる。「数十国」に及んだ三韓諸国の反乱は、帯方太守が戦死するほどの激しいものだった。『三国志』韓伝には、辰王がその後どうなったのか記述はないが、この争いのなかで断絶したのだろう。

以後、二六五年に晋《しん》が興ると、二七六年に楽浪・帯方郡を含む五郡からなる平州《へいしゅう》が設置された。「東夷」に含まれる馬韓と辰韓は二七六年から二九一年まで、晋へ頻繁に朝貢した。

四〇〇年ほど続いた中国による朝鮮半島の郡県支配は、その後高句麗による三一三年の楽浪郡滅亡と翌年の帯方郡滅亡により終わりを告げる。

中国による郡県支配は、三韓の地域に政治・経済・文化など多方面に多くの影響を与えたが、郡県支配の後退は、自発的な国家形成を促した。馬韓からは百済が、辰韓からは新羅が生まれた。弁韓からは統一的な国家は生まれなかったが、鉄生産を基盤として金官を中心とする加耶諸国が登場してくる。

4　二大国の建国神話と任那の登場

金官の建国神話

弁韓地域の小国群から構成される加耶だが、建国神話を伝えているのは、盟主的な有力国だった金官と大加耶である。

『三国遺事』「駕洛国記《からこっき》」は、駕洛国《からこく》（金官国）の初代首露王《しゅろ》が、西暦四二年に卵から生まれたという伝承を以下のように伝えている（要旨）。

天地開闢《かいびゃく》以来、この地には国号も君臣の称号もなく、九人の首長が一〇〇戸、七万五〇〇〇人の民を治めていた。

後漢の光武帝の時代〔四二年〕に、亀旨《きじ》峰で天から人の声のようなものが聞こえた。首長らが答えると「皇天《こうてん》が私に、新しく国を建てて君主になれと命じられ、ここに降りてきた。お前たちはこの山頂の土を掘り、『亀よ亀よ、首を出せ。出さねば焼いて食べるぞ』と歌いながら踊れ。そうすれば大王を迎えることができる」と言った。

その通り歌い踊っていると、天から紫色の紐《ひも》が垂れてきた。紐の端には紅のふろしきがあり、なかに金色の合子《ごうす》〔蓋《ふた》つきのお盆〕があった。それを開くと黄金の卵が六つあらわれた。卵は童子になり、日に日に成長し、一人は即位して大駕洛国《だいからこく》〔金官〕の首露《しゅろ》王となった。ほかの五人の童子も五加耶の主となった。

卵生《らんせい》神話は、高句麗や新羅と類似する。首露《しゅろ》王は、金官の基礎を整え、インドの阿踰陁《あゆた》国の公主と婚姻し、治世は一五八年とされるため実在性に乏しい。

九人の首長は、有力な村落の代表から構成されていたことを示す。これは、実在するのちの「邑君《ゆうくん》」や早岐《かんき》（干支）の存在につながっていく。

ちなみに、新羅の建国神話にも、新羅の前身である斯盧《しろ》は六部《りくぶ》（氏族的政治集団）につながる「六村」から構成されていたと伝える。

1－1　金官（駕洛国）初代〜第10代までの王名と王歴、42〜532年

初代首露王	金の卵から生まれたので金氏を称す。治世は158年
第2代居登王	首露王の子、治世は55年
第3代麻品王	居登王の子、治世は32年
第4代居叱弥王	麻品王の子、治世は55年
第5代伊尸品王	居叱弥王の子、治世は60年
第6代坐知王	伊尸品王の子、治世は14年
第7代吹希王	坐知王の子、治世は30年
第8代銍知王	吹希王の子、治世は36年
第9代鉗知王	銍知王の子、治世は29年
第10代仇衡王	鉗知王の子、治世は43年 532年に新羅に国土を献上して降伏

出典：『三国遺事』巻一王暦を基に筆者作成

六人の金卵童子は、金官が盟主的な位置を占めつつも、建国が同時であるように、他の五加耶とは横並びの対等的な位置にある。このことは加耶諸国の同盟秩序を象徴する。第4章で詳述するが、『日本書紀』が記す「任那復興会議」での王や旱岐《かんき》（諸国の代表）から構成される合議的な秩序とも対応する。

『三国遺事』五加耶条では、金官（加耶）と阿羅伽耶《あらかや》・古寧伽耶《こねい》・大伽耶・星山伽耶《せいざん》・小伽耶の五つを列記する。ここで引用される「本朝史略《ほんちょうしりゃく》」には大伽耶と小伽耶がなく非火《ひか》を加えた五加耶をあげる。

また『三国遺事』は金官について、初代首露《しゅろ》王以下一〇代に及ぶ王名と年表を掲げ（王暦）、四二年から五三二年までの四九〇年の

歴史を記す（1－1）。

一〇代すべてが、直系継承とされていることは疑わしく、実在系譜に新たな系譜が加えられたと考えられる。

大加耶の建国神話

大加耶の建国神話は、『新増東国輿地勝覧《しんぞうとうごくよちしょうらん》』巻二九高霊《こうれい》県条が引用する崔致遠《さいちえん》撰の「釈利貞伝《しゃくりていでん》」（逸文）に記載される。

『新増東国輿地勝覧《しんぞうとうごくよちしょうらん》』は、一五三〇年に完成した李氏朝鮮時代の官撰地理書で、全五五巻。「釈利貞伝《しゃくりていでん》」は、現慶尚南道《キョンサンナムド》陝川郡《ハプチョングン》にある海印寺《ヘインサ》創建者の伝記である。

それによれば、高霊郡《こうれいぐん》に位置する伽倻山の神である正見母主《しょうけんぼしゅ》と天神「夷毗訶之《いびがじ》」との間に生まれた兄「悩窒朱日《のうちつしゅじつ》」が大加耶王の始祖とする。また弟「悩窒青裔《せいえい》」が金官の始祖首露《しゅろ》王であると伝え、『三国遺事』駕洛国記《からこっき》の六卵説は信ずることはできないとする。

『三国史記』でも、大加耶の祖は、金官の祖の兄だったと記している。ここからは金官に対する大加耶の優位を主張する意識を読み取ることができる。

おそらくは、大加耶が金官に代わって盟主的な地位についた五世紀後半以降の情勢を反映した伝承だろう。

浦上八国＝加耶諸国の乱

金官や大加耶のような建国神話は伝えられていないが、『三国史記』新羅本紀には、「浦上八国《ほじょうはちこく》」の伝承がある。浦上八国とは、現慶尚南道《キョンサンナムド》南西域の臨海部に位置した加耶諸国の総称だ。

西暦二〇九年、第一〇代新羅王の時代、浦上八国《ほじょうはちこく》が加羅（安羅《あら》または金官）を侵そうとしていたので、加羅の王子は新羅に来援を請うた。新羅は加羅を救援し、八国の将軍を殺し、捕虜にされた六〇〇〇人の加羅人を奪い返したとある。同様な伝承は、『三国史記』列伝の勿稽子《むるけじゃ》条にもある。

さらに、『三国遺事』避隠《ひおん》・勿稽子《むるけじゃ》条には、二一二年のこととして、保羅《ほら》・古自《こじ》・史《し》勿《こつ》などの八国が新羅の辺境を侵したとある。また二一五年に骨浦《こつほ》などの三国が再び来攻したので、迎え撃ったとある。年代や浦上八国《ほじょうはちこく》が攻めた国などは異なるが、話の骨子は共通している。

浦上八国《ほじょうはちこく》全体の名前は明らかではないが、安羅《あら》よりも西の海岸地帯に所在した加耶諸国と想定される。『日本書紀』で「南韓」や「下韓」と称している地帯と重なる。年代や内容はかなり伝承的だが、安羅《あら》に隣接する海浜の諸国が、海上交易権をめぐって安羅あるいは金官などと対立したことが背景に想定される。楽浪・帯方郡の支配が、後漢王朝から公孫《こうそん》氏へ転換した時期であり、連動して朝鮮半島南部における海上交易をめぐる争いが起きたことが考えられる。この戦いに勝利した安羅《あら》は、五世紀には加耶の西方諸国への影響力を強める。このことは土器圏の拡大からも指摘されている（朴天秀二〇〇四）。

任那の登場

一方、任那と倭との交流は古くからあったと考えられる。考古学的知見によれば、とりわけ金官と北九州や大和・河内との交流が四世紀以前から知られる（朴天秀二〇〇七）。紀元前一世紀頃を記したとされる『日本書紀』崇神紀《すじんき》と垂仁紀《すいにんき》には、任那との交渉開始の記事がある。

任那の初見記事は『日本書紀』崇神紀に「任那国」から使者が来朝したことである。

ついで、垂仁紀には本文に付された二個の分註の一つに「意富加羅国《おほからのくに》」との交渉記事がある。「意富」は先述したように単に「大」の意味である。以下、その概略を示す。

任那国が蘇那曷叱知《そなかしち》を派遣し朝貢してきた。任那は筑紫《つくし》国から二千余里離れ、北は海をへだて鶏林《けいりん》〔新羅の古名〕の西南にある。（『日本書紀』崇神紀六七年七月条）

任那人蘇那曷叱知《そなかしち》が帰国するので、赤絹一〇〇匹を持たせ任那王に授けたが、新羅人がこれを奪った。任那と新羅の怨《うら》みはこのとき始まった。一説には、崇神天皇の時代に意富加羅《おほから》国王の子、都怒我阿羅斯等《つぬがあらしと》〔別名は于斯岐阿利叱智干岐《うしきありしちかんき》〕が、長門《ながと》国から出雲《いずも》国を経由して越国《こしのくに》に来て帰化した。崇神天皇が亡くなり、垂仁天皇にも三年仕えた。（『日本書紀』垂仁紀二年是歳《このとし》条）

さらに任那の国名由来として次のような記述がある。

都怒我阿羅斯等《つぬがあらしと》が帰国するとき、垂仁天皇は、道に迷わず来ていれば先皇〔崇神天皇〉に仕えることができたはずだから、意富加羅《おほから》の国名を改め御間城《みまき》〈崇神〉天皇の名を負った国名にするようにと言った。その国の名を「彌摩那《みまな》国」というのはこの縁による。（『日本書紀』垂仁紀二年是歳《ことし》条）

『日本書紀』崇神紀では、任那は筑紫国から二〇〇〇余里離れ、北は海を隔て新羅の西南にあると説明する。任那の場所が具体的に語られているのは貴重である。『三国志』魏志倭人伝に、金官に相当する狗邪韓《くやかんこく》国から北九州までは、約三〇〇〇里〈狗邪韓国・対馬国・一支《いき》国・末盧《まつろ》国の間が各一〇〇〇余里とある〉とするのに近似する。

なお、「北に海を隔てる」との表現は、任那は筑紫国との間に海があるとの含意で、筑紫国の「北」とは海で隔てられているとの意味である。『三国志』で「其《その》〈倭地〉北岸」が接触線と考えられ、海までが倭地と認識されていたことと同じ意味である。

重要なのは任那の国名起源として、崇神天皇の名前「御間城《みまき》」に由来すると説くことだ。荒唐無稽だが、『風土記』などにも散見される「名代《なしろ》」〈天皇の名前を用いる貢納《こうのう》・奉仕集団〉の起源伝承のように天皇名と地名を結び付けようとする作為である。

「蘇那曷叱知《そなかしち》」「于斯岐阿利叱智干岐《うしきありしちかんき》」といった名称は百済系史料によるが、そこでは

「任那」ではなく主に「加羅」が用いられている。

このことからすれば、『日本書紀』編者により新たに付加された起源説話と推測される。それは「任那官家《みやけ》」にもつながる話だ。なお、五世紀以降に有力化する新羅を敵国視する立場も遡《さかのぼ》って記載されている。

朝貢の造作

『日本書紀』垂仁紀は、先述したように任那の朝貢使について、「意富加羅国王《おほから》」の子「都怒我阿羅斯等《つぬがあらしと》」の話を掲載し、大加羅＝大加耶とすれば任那（金官）と加羅（大加耶）を同一視している。

のちの『日本書紀』継体紀《けいたいき》にも、任那王の「己能末多干岐《このまたかんき》」が来朝したとあるが、これを加羅王とされる「阿利斯等《ありしと》」と同一視している（二三年四月戊子《ぼし》条）のは、金官に代わり大加耶が有力化して以後の継体天皇時代の素材をもとに構想した可能性がある。一方で、『日本書紀』垂仁紀の任那は当時有力だった金官を示していると考えられる（三品彰英二〇〇二）。

『日本書紀』編者の歴史構想としては、神功紀《じんぐうき》における三韓征伐伝承や応神紀《おうじんき》の帰化人伝承に先行して、「任那」からの朝貢や新羅敵国視の起源を記載することが必要だったと考えられる。三韓征伐伝承とは神功皇后が朝鮮半島の広域を服属させたとの伝承で、帰化人伝承とは応神天皇の時代に、東漢《やまとのあや》氏や秦《はた》氏の祖が渡来したとの伝承である。いずれも『日本書紀』編者の歴史観により配置されている。

『日本書紀』崇神紀には、「遠荒《えんこう》」の人は臣従せず、王の徳を慕い帰順しないとし、「海外」の「荒俗」のみが騒がしいので四道将軍《しどうしょうぐん》を派遣して「戎夷《じゅうい》」（周辺の野蛮な国）を平定させた。それにより、言語が通じない「異俗」の人も、「海外」の人も「帰化」、つまりは王の徳を慕い帰属していると説く。

抽象的な文言により支配地域の拡大を述べるため、「遠荒」「海外」「荒俗」「戎夷」「異俗」の具体的な対象は明らかでない。この記事は事実の記録というよりも、日本の対外関係の開始を述べるにあたって、任那からの朝貢記事の前提として内政と外交の別を示すために必要だった（末松保和一九五六）。

続けて『日本書紀』垂仁紀には、新羅王子天日槍《あめのひぼこ》の帰属（帰化）伝承もあり、海外諸国からの朝貢・帰化が時系列で説明される。『日本書紀』編者の歴史観に従った記事配列により、国土の平定・朝貢・帰化の経過が説明されている。

以上は、『日本書紀』における加耶諸国の前史である。だが、三世紀までは『三国志』韓伝の比較的豊富な記載を除けば、そのままでは史実として評価できるものは少なく、神話・伝承的である。

次章では、中国植民郡の滅亡後、高句麗と直接に対峙するようになり、国家的成長を遂げた加耶諸国の動向をみていこう。

第2章

弁韓からの発展
——四世紀の動向

この章では、四〇〇年ほど続いた中国の朝鮮半島に対する郡県支配のその後、つまり三一三年の楽浪郡《らくろうぐん》滅亡と翌年の帯方郡《たいほうぐん》滅亡後における四世紀の加耶《かや》をみていく。

その場合、『日本書紀』神功紀《じんぐうき》や「広開土王碑《こうかいどおうひ》」の記載が重要だ。序章でも述べたように加耶諸国の史料は、六世紀に国が滅亡し、かつ以後も継承した国がなかったため、『三国史記《さんごくしき》』『三国遺事《さんごくいじ》』には、まとまった史料群として残っていないからだ。『日本書紀』神功紀や「広開土王碑」は慎重な史料批判が必要だが、第２節以降、特に『日本書紀』神功紀について述べていく。まずは前提として、第１節では、近年の考古学の発掘から得られた知見をみていく。

1　盟主・金官の台頭と揺らぎ

三一三年、楽浪郡の滅亡

加耶諸国の起源について明確な史料はない。確実な文献上の記載は、四一四年に建てられた「広開土王碑」である。そこには四〇〇年に五万の高句麗《こうくり》兵が新羅《しらぎ》周辺の倭人を追撃して金官《きんかん》と推定される「任那加羅《みまなから》」の従抜《じゅうばつ》城に到達し、高句麗に帰服したとある。金官は高句麗・新羅と対立する百済《くだら》・倭に加担する立場で記されている。おそらく、加耶諸国の台頭は四世紀だったと推測できる。

中国の郡県支配は、高句麗による三一三年の楽浪郡《らくろうぐん》滅亡と翌年の帯方郡《たいほうぐん》滅亡により終わりを告げた。この郡県支配の後退と高句麗の朝鮮半島南部への領土拡大政策は、三韓地域の自発的な国家形成を促し、馬韓《ばかん》からは百済が、辰韓《しんかん》からは新羅が生まれた。このことは前章でも少し触れた。

弁韓《べんかん》地域では統一的な国家は生まれなかったが、『三国遺事《さんごくいじ》』「駕洛国記《からこっき》」の建国神話からうかがわれる金官を中心とする加耶諸国の台頭もこの時期と考えられる。金官は『三国志《さんごくし》』韓伝にみえる狗邪韓国《くやかんこく》が前身である。

先述したように『日本書紀』崇神紀《すじんき》と垂仁紀《すいにんき》は、金官と推測される「任那」との交渉開始を記している。それは百済や新羅とは異なる、朝鮮半島の諸国のなかでも最初に外交関係を結んだ象徴的な国としての位置づけだ。伝承的だが、帯方郡から倭への交通ルート上に位置した金官の前身である狗邪韓国《くやかんこく》以来の交渉の歴史が背景にあったと考えられる。

考古学による加耶解明

考古学では、特色ある土器の分布から、金官《きんかん》(金官加耶)・阿羅《あら》加耶・小《しょう》加耶・大《だい》加耶という四つの地域の認識が可能だ(国立歴史民俗博物館二〇二二)。代表する遺跡は、金官は金海《きんかい》の大成洞《だいせいどう》古墳群、阿羅《あら》加耶は咸安《かんあん》の道項里《どうこうり》古墳群、小加耶は固城《こじょう》の蓮塘里《れんとうり》古墳群、大加耶は高霊《こうれい》の池山洞《ちさんどう》古墳群である。

金海《きんかい》の大成洞《だいせいどう》古墳群に隣接する鳳凰土《ほうおうど》城は金官の王城と推定される。内部には祭祀《さいし》場《じょう》や工房、市場などが確認できる。王城の周辺には平地《へいち》式建物一〇〇余棟、桟橋《さんばし》などからなる港湾集落や、製鉄遺跡も存在し、道路網により有機的に結びついていた(韓国考古学会二〇一三)。

このように金官は、王城を中心に、居住区・墳墓《ふんぼ》・港・工房などから構成されていたようだ。当時の海岸線は現在よりもかなり内陸にあり、中心部は海に面していた。海上での交通や交易、さらには製鉄により維持された国ともいえる。

金官を代表する金海《きんかい》の大成洞《だいせいどう》古墳群では、五世紀初めまでに大型古墳の築造が中断す

加耶に関連した古墳

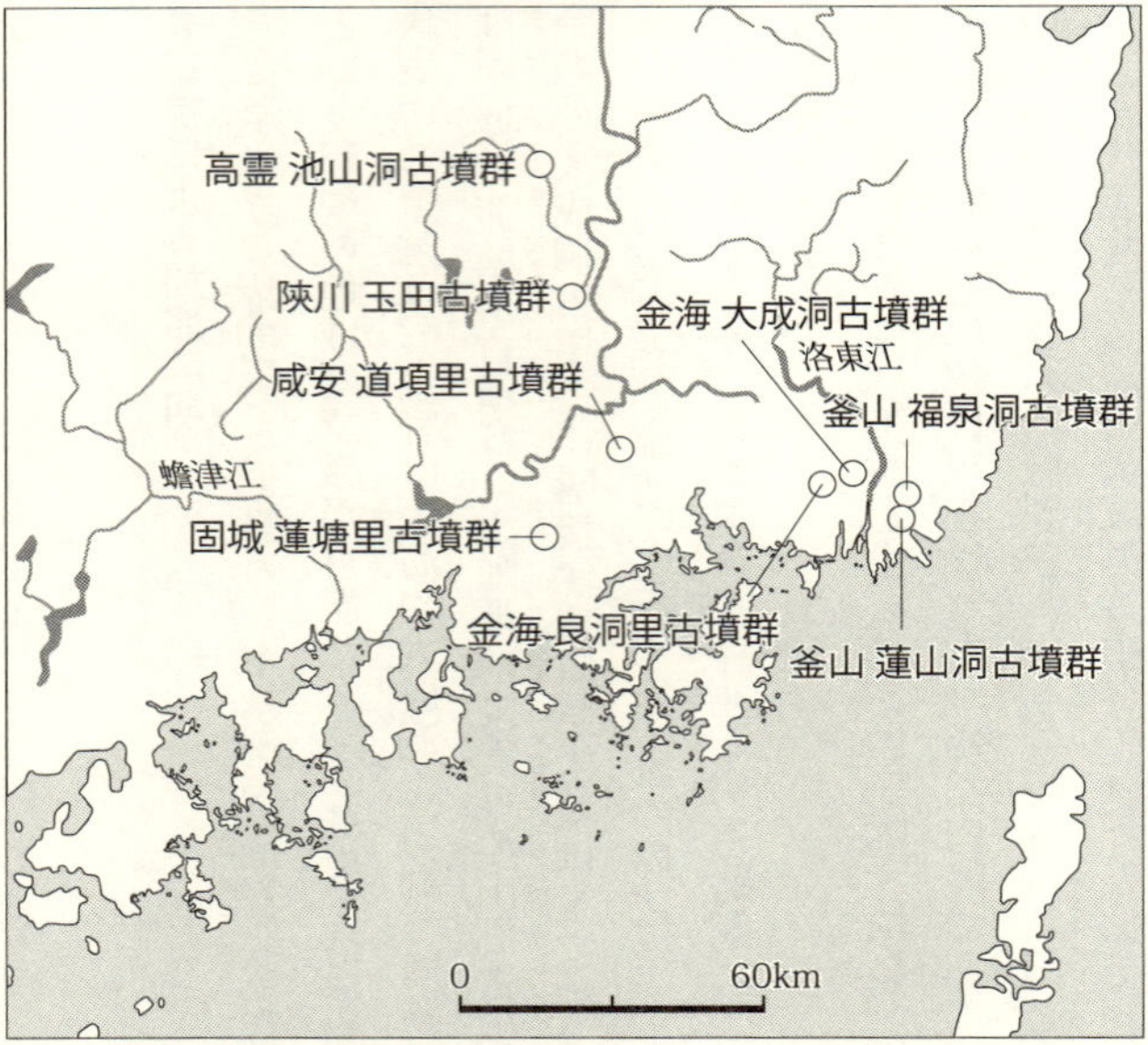

出典：国立歴史民俗博物館編『加耶—古代東アジアを生きた、ある王国の歴史』（2022年）を基に筆者作成

る。他方、洛東江《ナクトンガン》東岸にある釜山の福泉洞《ふくせんどう》古墳群では、新羅の中心地慶州《けいしゅう》の影響を受けた遺物が副葬されるようになる。五世紀後半には福泉洞の南側の蓮山洞《れんざんどう》古墳群に中心が移動する。現在の金海《キメ》を中心とする金官の勢力が衰え、洛東江の東側まで新羅の影響が強まっていると解釈されている。

金官の勢力が衰え、大加耶が台頭してくることは、こうした考古学的知見から証明できる。王陵《おうりょう》の形成は三世紀後半から確認できるが金官が先行する。他の加耶諸国は五世紀以降だ。五世紀後半には、高霊池山洞《こうれいちさんどう》四四号墳で殉葬者《じゅんそうしゃ》が加耶諸国でもずば抜けて多くなる。このことから、大加耶で強力な王権が形成されたことがうかがわれる。影響を受けた墓制《ぼせい》は西方にも広く及ぶ。大加耶を中心とする連合体の存在を示唆する。

このように考古学からは、金官の早期の発展や中枢部の状況、五世紀以降の金官から大加耶への勢力交代が確認できる。

金官内の四つの村――『日本書紀』の記述

時代は四世紀から六世紀の話となるが、金官は五三二年に滅亡する。そのときの主要村落は、しばしば四つの村（邑）と表現される。それは『日本書紀』の以下の記述から確認できる。

『日本書紀』継体紀《けいたいき》二三年（五二九年）四月是月条《このつき》（四月と同月の意味）によれば、新羅が上臣《じょうしん》（最高官職の上大等《じょうだいとう》）たる「伊叱夫礼智干岐《いしぶれちかんき》」を派遣し「四村」を攻略したとある（「伊叱夫礼智」は『三国史記』にみえる異斯夫《いしふ》と同一人物か）。

『日本書紀』は註で、四村について二ヵ所で記す。Ａ「金官・背伐《へぼつ》・安多《あた》・委陀《わだ》、是《こ》れ

2-1　金官内4つの村名

A	金　官・背　伐・安　多・委陀	継体紀23年（529年）
B	多々羅・須那羅・和　多・費智	継体紀23年（529年）
C	多々羅・須奈羅・和　陀・発鬼	敏達紀４年（575年）
D	多々羅・素奈羅・弗知鬼・委陀	推古紀８年（600年）

註記：各紀は『日本書紀』の掲載時期。（　）内は西暦

四村なり」、B「一本に云わく、多々羅《たたら》・須那羅《すなら》・和多《わた》・費智《ほち》を四村と為す」とある。新羅による金官侵攻とは、四村の人や物の略奪のことだ。

つぎに『日本書紀』敏達紀《びだつき》四年（五七五年）六月条には、新羅からの使者が貢物《こうもつ》を献上したときに、C「多々羅《たたら》・須奈羅《すなら》・和陀《わだ》・発鬼《ほちき》」の四邑《よんゆう》の調《みつき》（貢納物《こうのうぶつ》）も合わせ献じたとある。

新羅は高句麗と倭の通交に対抗するため、倭の要求に従って貢物を差し出した。そのときに合わせて、金官の中心的村落からの貢納物である「調《ちょう》」が差し出されたとある。これは「任那の調」と『日本書紀』で呼ばれるものだ。それは金官が加耶諸国の盟主的な国だったことによる。

また、『日本書紀』推古紀《すいこ》八年（六〇〇年）二月条および月日は不明だが同八年是歳条《このとし》には、D「多々羅《たたら》・素奈羅《すなら》・弗知鬼《ほちき》・委陀《わだ》」の四城が記されている。

このように『日本書紀』では、いくつかの場所で金官の主要村落を

列記している。四村（邑・城）を列記すれば2-1のようになる。

一覧すれば、BCDが同一系統の表記であり、Aは原史料が異なる。

共通するのはBCDの多々羅《たたら》と、B須那羅《すなら》・C須奈羅《すなら》・D素奈羅《すなら》、さらにA委陀《わだ》・B和多《わた》・C和陀《わだ》・D委陀《わだ》、およびB費智《ほち》・C発鬼《ほちき》・D弗知鬼《ほちき》である。これらは同一地名の異表記と判断できる。

Aの金官は、BCDにある「須」「素」が「金」の訓《くん》、「奈（那）羅」が「国」の訓のそれぞれ借音《しゃくおん》と考えることで、大きな異論がなく2-2①のようになる（三品彰英二〇〇二）。

残るAの背伐《へぼつ》・安多《あた》と「B費智《ほち》・C発鬼《ほちき》・D弗知鬼《ほちき》」との関係性については、「多」字の共通性から2-2②のように、村を意味する「伐」と「鬼＝城」の共通性から2-2③とする見解もある。だが確証がなく、四から最大で六村（邑）が記されたと判断するに留めておく。

2-2　金官内4つの村名の関係性

① 金官＝須那羅・須奈羅・素奈羅
　委陀＝和多・和陀・委陀
② 安多／多々羅・多々羅・多々羅
③ 背伐／費智・発鬼・弗知鬼

金官から多々羅へ——金官内での盟主の移動

いずれにせよこれら四から六つの村が、滅亡時における金官を構成する主要な村落だったと考えられる。

具体的な場所は、地名による考証によれば、金官は金海《キメ》、多々羅《たたら》は洛東江《ナクトンガン》河口東岸南端の多大浦《タデポ》に比定されるが、他の地名ははっきりしない。金官系土器の分布からは、古金海《コキメ》湾および洛東江河口から大きく外れない場所と推定される。金官の中心と考えられる金海《きんかい》の大成洞《だいせいどう》古墳群は、一世紀以降であり、金官の前身で三世紀に確認される狗邪韓《くやかん》国《こく》との連続性が考えられる。

他方で、『日本書紀』は五三二年の金官滅亡時に、新羅の将軍が「多多羅原《たたらのはら》」に駐屯するなど、ほとんどの記述で「多多羅《たたら》」を冒頭に置く。これより以前、五二九年に三〇〇〇の兵を率いた新羅の将軍が使者として派遣されたときにも、「多多羅原」に長期滞在している。このことからは、「多多羅」が金官に匹敵する有力な村だった可能性がある。金官を代表する金海《きんかい》の大成洞《だいせいどう》古墳群は、五世紀初めまでで大型古墳の築造が中断されている。そこからは五世紀以降、金海の盟主的地位は失われ、多多羅に中心的な勢力が移動したとも考えられる。

考古学では、洛東江《ナクトンガン》の東側まで新羅の影響が強まっていると考えられていることを先に述べたが、有力化した福泉洞《ふくせんどう》古墳群のある釜山東萊《プサントンネ》地区は金官ではなく別国とされ、少なくとも多多羅《たたら》は滅亡時まで金官の主要な拠点だった。

しかし、多多羅《たたら》が新羅の影響下にあったことも事実である。『三国史記』には五二四年に新羅が南に「巡狩拓境《じゅんしゅたっきょう》」（新たに広めた領地を君主がめぐること）したとあるが、五二九年に「多多羅原」に長期駐屯して以降は、金官はすでに傀儡《かいらい》化していた可能性もある。

２　神功皇后「加羅七国平定」——『日本書紀』の真偽

実際は四世紀を記す『日本書紀』神功紀

話を四世紀に戻す。この時期に倭の拠点は朝鮮半島にあったのだろうか。

考古学的知見によれば、朝鮮半島南岸の金官（狗邪《くや》韓国）と、倭の北九州や大和・河内との交流は四世紀以前から存在した。「広開土王碑」も、後述するが四〇〇年の段階では「任那加羅」や「安羅《あら》」に倭兵の出撃拠点が存在したと刻んでいる。

こうした事実を背景に、『日本書紀』崇神紀《すじんき》や垂仁紀《すいにんき》には、伝承的だが金官を示す

「任那（意富加羅《おほから》）国」から使者が来たと記している。

『日本書紀』で四世紀における倭と加耶諸国との交渉を示すのは、神功紀である。『日本書紀』神功紀は三世紀を記した体裁だが、学界では『日本書紀』の編纂者によって一二〇年後の出来事を前に移動させたことが定説となっている。

なぜ一二〇年前か――。それは『日本書紀』神功紀の紀年、つまり、神功皇后の摂政在位期間が、中国史書が記した卑弥呼《ひみこ》と台与《とよ》という二世紀末から三世紀までの二人の「倭女王」の在位期間に合わせて、設定された可能性が高いからだ（平田俊春一九五九）。

つまり、中国史書によれば卑弥呼は二世紀末に即位し西暦二四八年に没する。二六六年に台与が晋へ遣使する（台与がこの時期まで在位していたかは疑問だが）。中国史書に見える「倭女王」は二世紀末から二六六年まで在位していたことになる。

この記載を前提に『日本書紀』は、神功皇后の「元年」を西暦二〇一年に設定し、彼女の治世は六九年として二七〇年に没した人物とする。

そのうえで、『日本書紀』編纂者たちは、『日本書紀』の典拠「百済記」の年代を修正する。「百済記」には四、五世紀の干支を記載した項目がある。『日本書紀』神功紀は「百済記」記載の干支について、干支の周期六〇年の倍数である一二〇年、場合によっては一八〇年遡《さかのぼ》らせて、卑弥呼が登場する三世紀の中国史書に合わせようとしている。そのため、干支が記載された「百済記」の記述は、年代移動によって四、五世紀の事実を記していると考えられている。

年代移動と創作

では、加耶諸国と関係する『日本書紀』神功紀の年代移動について見てみよう。『日本書紀』神功紀の対外関係記事は、単純に年代を移動させると2－3のような構成となる。

『日本書紀』神功紀は、四六年条から五二年条（西暦二四六～二五二年）まで、百済と加耶諸国の一国である卓淳《とくじゅん》（現慶尚南道《キョンサンナムド》昌寧《チャンニョン》・密陽《ミリャン》付近）との交通から百済王による倭への七枝刀《しちしとう》の献上までの七年間を一つの物語とする。これは百済が倭に服属した起源を示す記事である。

これらは実際には西暦三六六～三七二年の記事となる。ただし、年代移動だけでなく、百済服属を示すための創作もある。

まず史実との関係である。『日本書紀』神功紀四七年条（2－3②）。百済と新羅の朝貢

2－3 『日本書紀』神功紀の対外関係記事
神功紀46〜52年・62年／修正後の西暦366〜372年・442年

	修正年	神功紀	記事内容
①	366年	46年3月乙亥朔条（丙寅）	甲子年（364年）百済と卓淳国との通交開始。斯摩宿禰による百済と倭国の交渉開始
②	367年	47年4月（丁卯）	百済と新羅の朝貢をめぐる争い。千熊長彦の新羅派遣
③	369年	49年3月条（己巳）	荒田別らによる加羅7国の平定。四邑（海西諸国）・南蛮忱弥多礼の百済への割譲
④	370年	50年2月条（庚午）	荒田別の帰還
⑤		50年5月条（同前）	千熊長彦の帰還と海西諸国に加え多沙城の賜与
⑥	371年	51年3月条（辛未）	百済の朝貢
⑦	372年	52年9月丙子条（壬申）	七枝刀の献上
⑧	442年	62年条（壬午）	襲津彦による新羅征討

註記：『日本書紀』神功紀は3世紀として描くが、実際には編纂者によって120、180年の年代移動がある

をめぐる争いや千熊長彦《ちくまながひこ》の新羅派遣記事）、五〇年条（2－3④⑤。荒田別や千熊長彦の帰還と海西諸国に加えて多沙《たさ》城の賜与《しよ》）、五一年条（2－3⑥。百済の朝貢）など、合計三年分の記事は、まだ有力化していない新羅の関与や重複的な百済往来の記事で、「百済記」には本来なく、『日本書紀』編者による付加と考えられる（三品彰英二〇〇二、仁藤敦史二〇二四）。

この時期、力を持つ以前の新羅に関する朝貢・戦闘記事、

重ねての百済の服属記事などは、『日本書紀』編纂時の潤色だろう。

また、年代移動でも単純に一二〇、一八〇年でない場合がある。それは『日本書紀』神功紀五二年条（2－3⑦）である。これは七支刀《しちしとう》がもたらされた年で、『日本書紀』の年代を修正すれば三七二年となるが、本来は現存する七支刀の銘文にある泰和《たいわ》四年＝三六九年、つまり、七支刀の製作直後だろう（田中俊明一九九二）。三年分の記事（2－3③～⑥）の加筆により移動したものと考えられる。なお、七支刀については第3節で詳述する。

神功紀四九年条①――「加羅七国の平定」の創作

では、加耶と関係がある2－3③の『日本書紀』神功紀四九年三月条、倭による「加羅七国の平定」記事の詳細を見てみよう。これは学界などで「己巳《きし》年の史実」と呼ばれてきた。この内容を2－4で区分して掲げる。ここでの「加羅七国」とは加耶の主要国である。

この『日本書紀』神功紀四九年条は西暦二四九年としての記述だが、先に見た通り史実を一二〇年古く遡らせた見解が通説だ。「百済記」の原文に「己巳年」の干支が明記されていたと解し、その年紀を信用し、三六九年の「加羅七国の平定」を「己巳年の史実」としてこれまで認定してきた。そして、この記事を根拠に、2−4④を「ヤマト朝廷の任那支配」の歴史的根拠、つまり、天皇の直轄領が朝鮮半島の加耶地域に存在したと解釈してきた。

だが、『日本書紀』神功紀四九年条における四世紀の確実な史実は、百済と卓淳《とくじゅん》（加耶諸国の一国の名称。ただし実際の対象は安羅《あら》・大加耶）との通交記事、および倭と百済の通交開始記事以外は確認できない。この二つの記事については、実録的な『日本書紀』欽明紀《きんめいき》所引の「百済本記」との符号および七支刀の存在から、百済と加耶諸国および百済と倭の交渉は史実として認められる。他は、「百済記」由来ではなく、『日本書紀』編者の潤色である。つまりは、倭が加羅七国を支配した事実は確認できない。

『日本書紀』神功紀四六年条から始まる斯摩宿禰《しまのすくね》を卓淳《とくじゅん》に派遣し、卓淳に軍勢を集結させて、加羅七国を平定したという物語は、「百済記」という百済側史料の加耶諸国との通交開始記事を前提に『日本書紀』編者が創作したとするのが自然である。

では、なぜこうした創作が生まれたのか。

実際に加耶諸国の一国である卓淳《とくじゅん》の掌握が、軍事的に焦点となるのは六世紀である。

2-4　倭国による「加羅７国平定」の記述内容、『日本書紀』神功紀49年（修正西暦369年）

①荒田別《あらたわけ》・鹿我別《かがわけ》を将軍に任じた。久氐《くてい》らと共に軍を整えて海を渡り、卓淳《とくじゅん》国に至り、新羅を襲おうとした。

②そのとき、ある人が「兵士が少なくては、新羅を破ることはできない。そこで沙白蓋盧《さはくこうろ》を天皇に仕えさせて、増兵を要請しなさい」と言われた。

③そこで木羅斤資《もくらこんし》と沙沙奴跪《ささなく》に命じて〈この二人は氏の名がわからない。ただし、木羅斤資は百済の将軍である〉、精兵を率いて沙白蓋《さはくこう》盧《ろ》とともに派遣した。みな卓淳《とくじゅん》国に集結して、新羅を破った。

④そうして比自㶱《ひじほ》・南加羅〔金官〕・喙国《とくこく》・安羅《あら》・多羅《たら》・卓淳《とくじゅん》・加羅〔大加耶〕の七国を平定した。

⑤そこで兵を移し、西に廻り古奚津《こけつ》に至って、南蛮の忱弥多礼《とむたれ》〔済州島〕を滅し百済に賜った。

⑥ここにおいて、その王〔百済王〕の肖古《しょうこ》と王子の貴須《きす》は再び軍を率いてやって来た。

⑦そのとき比利《ひり》・辟中《へちゅう》・布弥支《ほむき》・半古《はんこ》の四邑が自分から降服した。

⑧こうして、百済王父子と荒田別《あらたわけ》・木羅斤資《もくらこんし》は、共に意流村《おるすき》で落ち合った〈いまは州流須祇《つるすき》という〉。互いに顔を見合わせて喜びあい、厚く礼を尽くし、送遣した。

⑨ただ千熊長彦《ちくまながひこ》と百済王だけは百済国に至ると、辟支《へき》山に登り盟約した。また古沙《こさ》山に登って、共に岩石の上に居した。そのとき百済王が盟約し「もし草を敷いて坐とするならば、おそらくは火に焼かれよう。また木を取って坐にするならば、おそらくは水に流されよう。それゆえ岩石を坐として盟約するのは、永遠に不朽であることを示す。よって以後は、千秋万歳に絶えることなく、無窮であり、常に西蕃《せいばん》と称して、春秋に朝貢しよう」と言った。

⑩そうして、千熊長彦を連れて百済の都に至り、厚く礼遇した。また久氐《くてい》らを従わせ倭国に送った。

百済聖明王《せいめい》の時代（五二三〜五五四）であり、欽明天皇《きんめい》の時代（五三九〜五七一）である。さらに言えば、「百済本記」が典拠となる時期である（序章参照）。

六世紀、新羅と接した卓淳《とくじゅん》は滅亡の危機に瀕《ひん》し、卓淳の国内は君臣が二つに分離対立し、国主も新羅に内応したため滅びることになる（『日本書紀』欽明紀二年四月条）。また、この時期に百済聖明王《せいめい》は、倭の軍勢の助力を得れば、卓淳が復興するだろうとも述べている（同五年一一月条）。このように六世紀こそが、百済と新羅とのあいだでの卓淳の掌握が大きな軍事的課題となった時代だった。

『日本書紀』は、こうした現実から歴史的に遡って百済近肖古王《きんしょうこ》の時代（三四六〜三七五）に、百済と安羅《あら》・大加耶・卓淳《とくじゅん》との通交が開始されて以来、「子弟」関係を結んだことをたびたび回顧する。『日本書紀』はそれを一二〇年遡らせた二四四年のこととしたのだ。

神功紀四九年条②――『日本書紀』「百済記」内の史実は

『日本書紀』神功紀四九年条（西暦二四九年、修正三六九年）を細かくみてみよう。

付加や改変が強く確認できるのは、荒田別《あらたわけ》の氏族伝承を基礎とした2-4①⑧、さら

2-5 『日本書紀』神功紀で創作された千熊長彦の記述

47年（367年）4月条	千熊長彦《ちくまながひこ》を新羅への使者に
49年（369年）3月条	千熊長彦と百済王の誓盟
50年（370年）5月条	千熊長彦の帰還
51年（371年）3月条	千熊長彦の百済派遣
52年（372年）9月丙子条	千熊長彦の帰還による七枝刀献上

に④の加羅七国全体の征討、⑤の忱弥多礼《とむたれ》を百済に賜ったという記述である。

　これらの要素を除くと、三六九年の「百済記」の記事は、2-4⑥の近肖古《きんしょうこ》王、⑨⑩の千熊長彦《ちくまながひこ》の部分が該当する。ただし、千熊長彦は創作された人物である。彼は2-5のように『日本書紀』神功紀の外交記事には一貫して登場し、百済との密接な交通に従事して重要な役割を演じる。だが斯摩宿禰《しまのすくね》と同様、『日本書紀』神功紀の典拠である「百済記」にみえる「職麻那那加比跪《しまななかひこ》」から創られた人物と想定される。

　ここで重要なのは、「百済記」原文自体には、倭の「職麻那那加《しまななか》比跪《ひこ》」を使者とした百済と倭との通交開始の話がなかった可能性が高いことだ。

「職麻那那加比跪《しまななかひこ》」は卓淳《とくじゅん》（実際は安羅《あら》か）へ派遣されたと推測される。卓淳・百済へ向かった斯摩《しま》（麻）宿禰《すくね》がそれである（『日本書紀』神功紀四六年条）。職麻那那加比跪は「久氐《くてい》〔百済高官〕らに副《そ》えて百済へ遣わされた報使」とも考えられる（池内宏一九七〇）。
では、「百済記」が近肖古《きんしょうこ》王の時代（三四六〜三七五）の記事として記載していた内容を復元していきたい。

まず、干支の記載を重視すれば、三六四年七月以来の百済と卓淳《とくじゅん》（および安羅《あら》・大加耶）の交渉が「百済記」に存在し、それに続いて倭からの使者「職麻那那加比跪《しまななかひこ》」が報使として卓淳から百済に派遣された記事があったことが推測される。

他方で、「百済記」における百済の主張は、一貫して加耶諸国へ影響力を持つことになった起源である。三六四年の百済と卓淳《とくじゅん》の交通開始、百済の将軍木羅斤資《もくらこんし》による新羅・加羅征討と社稷《しゃしょく》（国家の意）の回復が「百済記」の主題である。それは「百済記」を基礎としながら『日本書紀』神功紀が、日本と百済との交渉の起源の説明に主眼があるのとは異なる。

次に、その後に記載された『日本書紀』神功紀四七年から五二年条に至る展開の多くは創作である。とりわけ神功紀四七年条のような百済と新羅の朝貢をめぐる争いはその可能性が高い。また、重複的かつ中身の空疎な百済入朝記事を伝える神功紀五〇年条・五一年条を含む三年分の記載は「百済記」になく、先にも述べたが、『日本書紀』編者による創作だろう。

以上によれば、「百済記」由来の近肖古王《きんしょうこ》の時代である三四六〜三七五年の史実は、つぎのようなものである。

三六四年（甲子）七月以来の百済と卓淳《とくじゅん》との交渉記事、つまり百済による加耶諸国への遣使と加耶諸国への職麻那那加比跪《しまななかひこ》＝斯摩《しま》（麻）宿禰《すくね》の遣使、それに続く三六六年（丙寅）における百済への加耶と倭人の来朝、そして斯摩（麻）宿禰＝職麻那那加比跪の遣使・報使の記載程度である。

その後にある百済の久氐《くてい》と倭の千熊長彦《ちくまながひこ》の頻繁な往来についての三年分ほどの記事は創作である。

『日本書紀』による「百済記」の活用

『日本書紀』神功紀四九年条については、これまで「二重」「重複」の指摘もされてきた（末松保和一九五六）。これは、いままで述べてきたように、「百済記」の記載を干支二巡＝一二〇年遡らせてきたことから起きたものだ。

『日本書紀』に引用された五つの「百済記」の記事のうち、神功紀四七年四月条・応神

2-6　「百済記」を典拠とした『日本書紀』の年代移動

史実と思われる年代	移動先の年代	記　事
① 364年 近肖古王甲子	246年 神功紀46年条本文	百済と卓淳国との通交記事
② 369年 近肖古王己巳	249年 神功紀49年条本文	倭国と百済の通交開始記事
③ 429年 毗有王己巳	249年 神功紀49年条本文	木羅斤資の征討記事
④ 442年 毗有王壬午	262年 神功紀62年条所引 「百済記」	木羅斤資の加羅征討記事
⑤ 474年 蓋鹵王甲寅	294年 応神紀25年条本文	木満致の国政担当と父・木羅斤資の回顧記事
⑥ 475年 蓋鹵王乙卯	476年 雄略紀20年条所引 「百済記」	高句麗来攻、百済滅亡記事

紀八年三月条・同二五年条には干支の引用がないが、神功紀六二年条には「壬午《じんご》年」、雄略紀《ゆうりゃくき》二〇年条にはさらに詳しく「百済記云、蓋鹵《がいろ》王乙卯《いつぼう》年」の年代表記がある。雄略紀に「王代＋干支」の記載があることを重視するならば、「百済記」には本来「王代」と「干支」の年代表記が付されていたと考えられる（山尾幸久一九八七）。

もともと「百済記」に記載があった「王代」と「干支」は多くの場合、『日本書紀』神功紀では削除し、年代移動の作為を表面化させないようにした可能性が指摘できる。この点を重視すれば『日本書紀』神功紀に用いられた「百済記」三つの記載は、機械的に六〇年サイクルで移動させた単純な干支の年代では必ずしも用いられていない。

さらに、加羅七国の平定にかかわる木満致《もくまんち》の話は、干支二巡ではなく三巡、つまり一八〇年繰り下げるべきだとする見解が、学界では支持されている（津田左右吉一九六三、山尾幸久一九七五、仁藤敦史二〇二四）。

「百済記」を典拠とした『日本書紀』の年代移動をまとめると２‐６のようになる。木《もく》羅斤資《らこんし》とその子木満致《もくまんち》に関する記述は、特に干支三巡＝一八〇年遡らせていた。

「百済記」に記載されていた毗有《ひゆう》王の時代（四二七～四五五）・蓋鹵《がいろ》王の時代（四五五～四七五）の記事の多くは、一二〇年あるいは一八〇年前の出来事として『日本書紀』では神功紀と応神紀に移動している。そのため実際の年代である『日本書紀』雄略紀本文に百済関係の記事を「百済記」に依拠して記述することができなくなり、他の史料から穴埋めをしていた。

ただし２‐６⑥の百済滅亡の記事は、『日本書紀』神功紀と応神紀に使われなかったため、例外的に註として引用したのだろう。

3　百済と倭の通交はいつからか

七支刀とは

ここまで、『日本書紀』編者による「百済記」記事の年代移動を分析しつつ、四世紀の史実を探ってきた。

他方で、四世紀の確実な史料には、己巳《きし》年（泰和《たいわ》四年＝西暦三六九年）に百済王からもたらされた七支刀《しちしとう》（横刀）がある。七支刀が加耶を経由して倭にもたらされた年をあらためて確定したい。それが倭と百済の通交開始年と言えるからだ。

七支刀《しちしとう》は奈良県天理市の石上《いそのかみ》神宮に伝わる鉄製両刃の剣で、刀の左右交互に三本ずつの小枝が分かれ、最大六二文字の銘文が刀身の中央部に金象嵌《ぞうがん》で記されている。七支刀についての伝承は、以下の三つの史料により確認される。なお『日本書紀』神功紀は七枝刀《ななつさやのたち》と表記する。

泰和《たいわ》四年□〔十一か？　吉祥《きっしょう》句（めでたい文句）ならば五〕月十六日丙午《へいご》、日中の時、百錬《ひゃくれん》の鉄で七支刀を造る。出でては百兵を辟《さ》け、侯王の供用とするにふさわしい、□□□□〔場所または工人名欠か？〕作なり。先世以来、未だなかったこのような刀を、百済王の世子である奇生が聖音の故に、倭王のために造った。永く後の世に伝えよ。

（石上神宮七支刀銘文）

久氏《くてい》は千熊長彦《ちくまながひこ》に従って来朝した。そのときに、七枝刀《ななつさやのたち》一口・七子鏡《ななつごのかがみ》一面をはじめ種々の重宝を献じた。そうして謹《つつし》んで、「我が国の西方に川があります、水源は谷那《こくな》の鉄山より出ています。その遠いことは、七日かかっても行き着くことがありません。この水を飲み、そうしてこの山の鉄を採って、末永く聖朝《せいちょう》に献上いた

七支刀

します」と申しあげた。

（『日本書紀』神功紀五二年九月丙子《へいし》条）

百済の国主の照古王《しょうこ》〔近肖古王〕が、雄馬一疋《おうまいっぴき》・雌馬《めうま》一疋を阿知吉師《あちきし》につけて貢上《こうじょう》した〈この阿知吉師は、阿直史《あちきのふひと》らの祖先である〉。また、横刀と大鏡を献上した。

（『古事記』応神段）

『古事記』と『日本書紀』の記事は、刀と鏡を献上した点で対応する。『古事記』の原史料は帝紀《ていき》・旧辞《きゅうじ》。「百済記」以前からの伝承であり、異なる伝承が符合している。

三六九年か、三七二年か

確認すべきは七支刀銘文《しちしとう》の年紀「泰和《たいわ》四年」が東晋年号の太和《たいわ》四（三六九）年であるかだ。干支二巡＝一二〇年遅らせると『日本書紀』神功紀の年代（壬申＝二五二→修正三七二）と三年の差違がある。

しかし、こうした解釈は、あくまで『日本書紀』神功紀の紀年、すなわち原史料となった「百済記」の王代や干支が正確に記されていたことを前提とする。

さらに、これまで見てきたように、「百済記」には本来、「王代」と「干支」が記載されていたが、『日本書紀』神功紀は基本的に「王代」や「干支」を削除し、年紀に必ずしもとらわれない創作が可能だった。

繰り返すが、干支の記載は、三六四年（甲子）七月以来の百済と卓淳《とくじゅん》との交渉記事、三六六年（丙寅）における百済への加耶と倭人の来朝、斯摩《しま》（麻）宿禰《すくね》＝職麻那那加比《しまななかひ》跪《こ》の遣使・報使の記載程度である。

従来の定説は、『日本書紀』神功紀の年を「百済記」由来の干支の記載に基づくとしていた。だが、とりわけ『日本書紀』神功紀四七年から五二年条は、先述したように多くの創作が想定される。七支刀《しちしとう》の記載がある『日本書紀』神功紀五二年条の記載のみが正しい年紀を記録していたとは考えにくい。

正確な年代を記録したのはせいぜい「百済記」のみであり、倭にそうした同時代の正確な記録があったとは考えづらい。史料批判の基本からすれば、七支刀《しちしとう》に記載された東晋年号の太和四年＝三六九年をまずは尊重すべきである。東晋年号の使用が東晋への服属を示すことについては、百済王権内部に東晋との関係を持つ中国系人士たちが存在したことにより、三七二年の入朝以前に東晋年号を使用したと考えられる（鈴木靖民二〇一二）。あるいは、百済王への冊封《さくほう》が将軍・太守号よりも先行した可能性もある。「百済記」は正しくこの年代を記していたが、『日本書紀』編者は、百済が東晋へ入朝したこと、その前年に百済は高句麗に対して大勝利を収めていることなどを考慮しつつ、「百済記」にはなかった百済の朝貢記事を記した『日本書紀』四七年条・五〇年条・五一年条について三年分の記載をしたため、本来の紀年を三年移動させたと考えられる。

したがって、「百済記」としては『日本書紀』神功紀四九年三月条（2－4⑨）にある倭と百済の「盟約」を前提とし、七支刀が百済から贈られた記述となる。だが、七支刀という金石文の年代を重視すれば、三六九年が本来の百済と倭の通交開始年だろう。

4　広開土王碑のなかの倭、任那加羅、安羅

「任那加羅」と「安羅人戍兵」——三九一年以降

あらためて言うまでもなく、四一四年に建てられた「広開土王碑《こうかいどおうひ》」は、四世紀末から五世紀初頭の朝鮮半島情勢を記した貴重な史料である。「倭」の朝鮮半島での軍事活動

に関連しては、「任那加羅」（金官）や「安羅人戍兵《あらじゅへい》」の記載がある。

序章ですでに述べたように、この碑文について慎重な史料批判は必要だ。だが、碑文にみえる「倭」が北九州勢力を含むヤマト王権を背景とすることは疑えず、高句麗の南下政策に百済が抵抗し、倭は百済の後ろ盾として恒常的な領土的支配とは異なる次元で、朝鮮半島にたびたび派兵したことは確認できる。

高句麗・新羅と百済・加耶・倭が対立する構図は欽明紀に百済聖明《せいめい》王が回顧して「昔、新羅援《たす》けを高麗に請いて、任那と百済を攻撃す」（『日本書紀』欽明紀二年四月条）とあることと対応する。

碑文に見える倭

「広開土王碑」の倭に関係した記事は、以下のとおりである。

倭は辛卯《しんぼう》の年よりこのかた、〔海〕を渡りて百残〔百済〕を破り、〔中略〕。

〔永楽〕九年己亥。百残は誓いに違《そむ》き、倭と和通せり。〔中略〕倭人は其〔新羅〕の国境に満ち、城池を潰破し、奴客を以て民と為せり。
〔永楽〕一〇年庚子《こうし》。教して、歩騎五万を遣わして、往きて新羅を救わしむ。男居《だんきょ》城より、新羅城に至るまで、倭はその中に満つ。官軍、まさに至らんとするに、倭賊は退□す。□背して急迫し、任那加羅の従抜《じゅうばつ》城に至るや、城は即《すなわ》ち帰服す。安《あ》羅《ら》人戍兵《じゅへい》は、新羅城・□城を□す。
〔永楽〕一四年甲辰《こうしん》。而《すなわ》ち、倭は不軌《ふき》にして、帯方《たいほう》の界に侵入し、〔中略〕倭寇は潰敗し、斬殺せらるるもの無数。

以上の碑文によれば、倭の活動は、2-7の通りである。

判読不能の字があり、高句麗による潤色が想定できるものの、倭は四〇〇年と四〇四年の軍事活動で、高句麗に敗北している。

倭と百済や新羅との関係や、2-7③の倭が新羅を攻めたことについては、『三国史記』新羅本紀に倭人・倭兵の侵入記事がある。三九三年には倭人が新羅の金城《きんじょう》を包囲し、四〇五年にも明活山《めいかつさん》城を攻め、四〇七年には東辺と南辺を侵したとある。また四〇

2-7 「広開土王碑」が記す倭の活動

①辛卯年（391年）以来、倭の朝鮮半島での軍事活動
②永楽9年（399年）以前、倭は百済と同盟を結ぶ
③永楽9年（399年）、倭は新羅を攻める
④永楽10年（400年）、高句麗は新羅を救援し、倭兵を「任那加羅」（金官）まで追撃。「安羅人の戍兵」との連携
⑤永楽14年（404年）、倭は半島西岸を北上して「帯方界」に侵入して大敗

出典：武田幸男「わたしの「辛卯年」条解釈」（『広開土王碑との対話』白帝社、2007年）を基に筆者作成

二年には倭に奈勿《なもつ》王子《おうじ》未斯欣《みしきん》を人質に送ったとある。これらは2-7①③と対応し、④高句麗に援軍を要請した新羅の窮状をうかがうことができる。

のちに百済聖明《せいめい》王が、新羅は昔、助けを高句麗に要請し、任那と百済を攻めたが勝利できなかったというのは（『日本書紀』欽明紀二年四月条）、高句麗が新羅を救援し、倭兵を「任那加羅」（金官）まで追撃した四〇〇年の事態を示している。

2-7②の倭と百済との同盟は、『三国史記』百済本紀に三九七年に阿華《あか》王が倭と好《よし》みを結ぶため、太子の腆支《とき》（『日本書紀』応神紀では直支《とき》とする）を人質として送ったとある。『日本書紀』応神紀所引の「百済記」にも同様な記載がある。日韓の史書および金石文に同内容が記されていることから、百済からの人質の送付は信頼できる。

2-7⑤の倭の「帯方《たいほう》界」への侵入は、あくまで百済と

2-8　4世紀末〜5世紀初頭、朝鮮半島情勢

年	出来事
391	倭による百済・新羅への侵攻（広開土王碑②）。百済と高句麗の戦
393	倭人が新羅金城を包囲、倭軍大敗（史記新羅本紀）
397	百済と倭の結好、太子直支質となる（史記百済本紀／書紀応神紀8年〈百済記〉）
399	これより以前に百済と倭の和通（広開土王碑④）
400	高句麗、倭兵を任那加羅（金官国）まで追撃（広開土王碑⑤）
402	新羅、未斯欣を人質として倭国へ送る（史記新羅本紀／列伝）。百済、倭に大珠を求める（史記百済本紀）
403	倭国、百済に使者派遣（史記百済本紀）
404	高句麗、倭を大敗させる（広開土王碑⑥）
405	倭が明活山城を攻める（史記新羅本紀）。百済、倭国から人質直支を帰国させ即位（書紀応神紀16年／史記百済本紀）。倭王兵士100人により衛送される
407	倭、新羅を攻撃？（広開土王碑⑦）。倭が新羅の東辺・南辺を攻める（史記新羅本紀）
408	倭が対馬に軍営設置（史記新羅本紀）
409	倭が百済に夜明珠を送る（史記百済本紀）

註記：（　）内出典における「史記」は『三国史記』、「書紀」は『日本書紀』の略。「広開土王碑」に付した数字は、全8回行われた征討の順番。倭との交戦記事に限定したため他地域への征討は欠番

の連携が前提である。『三国史記』百済本紀によれば、翌四〇五年に人質だった腆支王《とき》の即位に際して、倭から兵士一〇〇人の護衛が付けられ帰国したことからすれば、倭から百済の都漢城《かんじょう》までの海上ルートが前提になった侵攻と考えられる。

このように「広開土王碑」における倭の活動は、『三国史記』などの記載とは矛盾しない。おおむね事実として承認できる

（濱田耕策二〇一〇）。

もちろん、古い通説のように恒常的な領域支配を碑文から読み取ることは不可能だ。倭と「任那加羅」（金官）や「安羅《あら》人」との密接な交流関係から、四世紀後半には金官や安羅が倭との交渉の窓口だったことになる。

「加耶」表記の初見は、二〇二年の『三国史記』で伝承的な記述である。「加羅」表記の初見も同書の二一〇年である。これら伝承的な記載（「新羅本紀」では七七年条に「加耶」、二〇九年条に「加羅」がある）を除けば、三九一年以降、倭が渡海して加耶地域へ進出したこと、四〇〇年に「任那加羅」や「安羅《あら》」が「広開土王碑」に表記されていることが、確実な初見記事となる。

以上の経過を年表的にまとめるならば２‐８のようになる。「広開土王碑文」によれば四〇〇年の段階では「任那加羅」（金官）や「安羅《あら》」に倭兵の出撃拠点が存在したことが想定される。

倭と加耶諸国との交渉の重点は、五世紀になると金官から大加耶（加羅）や安羅《あら》に移っていく。

第3章

大加耶の成長と倭臣

——五世紀〜六世紀初頭

五世紀の加耶《かや》は、最も勢力を誇っていた金官《きんかん》が衰え始め、大加耶《だいかや》（加羅《から》）や安羅《あら》へ中心が移動していく。

以下、そのなかで倭が加耶諸国とどのように関わったのか、まず『日本書紀』の三つの記述からみていく。取り上げる『日本書紀』神功紀《じんぐうき》は、前章で説明したように三世紀の記述とされるが、実際には五世紀を描いたものもある。

『日本書紀』の記述にこだわるのは、序章でも記したように、六世紀に国が滅亡し、かつ以後も継承した国がないため、加耶の史料が韓国の『三国史記』『三国遺事』でも、まとまっていないためである。

1　高句麗対百済・倭——五世紀前半の動向

百済と倭の共同軍事行動

『日本書紀』によれば、四二九年に加耶と新羅《しらぎ》で、百済《くだら》の将軍木羅斤資《もくらこんし》と倭系の沙沙奴《ささな》跪《こ》による軍事行動があった。

そこで木羅斤資《もくらこんし》と沙沙奴跪《ささなこ》に命じて〈この二人は氏の名がわからない。ただし、木羅斤資は百済の将軍である〉、精兵を率いて沙白蓋盧《さはくこうろ》とともに派遣した。みな卓淳国《とくじゅんこく》〔加耶諸国の一つ〕に集結して、新羅《しらぎ》を破った。〔A〕

（『日本書紀』神功紀四九年三月条本文）

これは、二四九年の記事とされるが実際には、前章2－6でも記したように四二九年のことである。百済将軍木羅斤資《もくらこんし》と倭系の沙沙奴跪《ささなこ》が卓淳《とくじゅん》（加耶諸国の一つ）に集まり行った新羅《しらぎ》征討を伝える（毗有王己巳《ひゆうおうきし》〈四二九〉年「百済記」にもある）。

前章で述べたように『日本書紀』神功紀には、三世紀の話として記しながら、実際には五世紀の史実を描いた記述がある。つまり、干支三巡＝一八〇年下げて理解すべき話だ。

百済と倭が共同したのは、百済から王族の女性が倭に送られ、倭からも使者が派遣されて、倭と百済の同盟関係が成立したことによる。

この二年前の四二七年、高句麗《こうくり》は平壌へ遷都するが、これはさらなる南下政策である。百済と倭の共同した軍事活動は、加耶・新羅への高句麗による圧力への対応とも理解できる。

四〇〇年には、高句麗兵が新羅周辺の倭人を追撃して金官と推定される「任那加耶」の従抜城《じゅうばつ》に到達し、高句麗に帰服したとある（「広開土王碑文《こうかいどおうひぶみ》」）。

金官と新羅文化の影響が強い洛東江《ナクトンガン》東岸、釜山の福泉洞《ふくせんどう》古墳群（第２章参照）では、五世紀中葉の首長墓から高句麗系統の甲冑《かっちゅう》・馬具が出土し、金官周辺での高句麗の影響力が以後も持続していたことが知られる。

百済や倭は、こうした高句麗による新羅の支配を排除するために戦ったことが考えられる（鈴木英夫一九八五）。

四四二年、新羅と加羅討伐をめぐる内実

四四二年には、新羅が朝貢をしなかったことを理由に倭は、葛城襲津彦《かつらぎそつひこ》＝沙至比跪《さちひこ》を派遣し新羅を征討させようとした。しかし、新羅は「美女」を沙至比跪に送って懐柔

し、大加耶を討伐する。大加耶の王らは百済に逃げ救援を求め、倭は木羅斤資《もくらこんし》を派遣し沙至比跪を駆逐する。

これにより大加耶は百済に依存するようになり、木羅斤資《もくらこんし》やその子木満致《もくまんち》が大加耶に大きな影響力を保つことになる。これを描いたのが次の『日本書紀』が引用する「百済記」である。

新羅は朝貢しなかった。その年に、〔葛城《かつらぎ》〕襲津彦《そつひこ》を派遣して新羅を攻撃させた。〈百済記に、「壬午《じんご》の年に、新羅は貴国〔倭〕に貢納《こうのう》しなかった。貴国は沙至比跪《さちひこ》を派遣して討伐させた。新羅人は、美女二人を美しく飾り、沙至比跪を港におびき寄せた。沙至比跪はその美女を受け入れ、新羅を討たずに反対に加羅〔加耶諸国の一つ、大加耶〕を討伐した。〔中略〕天皇はたいへん怒り、即座に木羅斤資《もくらこんし》を派遣して、兵士を率いて加羅に来集させ、加羅国を回復させたという〉〔B〕

（『日本書紀』神功紀六二年条本文と所引「百済記」）

これは、二六二年の記事とされるが実際には四四二年である。先の〔A〕のように干支三巡＝一八〇年下げて理解できるものである。『日本書紀』で「加羅」と記されるのは、高霊《こうれい》にある大加耶のことだ。

ここでは倭から将軍が朝鮮半島に派遣されているが、この時期に倭はたびたび新羅を侵略し、内陸部への侵攻が確認できる（『三国史記』新羅本紀）。

倭の出兵は、加耶諸国の金官や安羅《あら》などとの同盟関係や要請によると考えられるが失敗する。そのため倭は、後述するが中国に「任那・加羅」を含む都督諸軍事《ととくしょぐんじ》の要請を行い、名目的な軍政権（将軍が持つ軍事行政上の指揮・動員権）の要求を始めることになる。

なお、この「百済記」には、他にも「加羅国王の己本旱岐《こほんかんき》、および児の百久氏《はくくてい》・阿首至《あしゅち》・国沙利《こくさり》・伊羅麻酒《いらます》・爾汶至《にもんち》ら」「加羅国王の妹、既殿至《きでんち》」の名前がある。第４章で詳述するが、旱岐《かんき》は『日本書紀』欽明紀《きんめいき》の「任那復興会議」の加耶諸国代表にも見える族長号である。

四七四年、高句麗による百済王都包囲

三世紀の話として記しながら、干支三巡＝一八〇年下げ、実際には五世紀の史実を描く『日本書紀』の記述はまだある。

百済の直支《とき》王〔『三国史記』では腆支《てんし》王〕が薨《こう》じた。ただちに子の久爾辛《くにしん》王が立って王となった。王は幼年だったので、木満致《もくまんち》が国政を執《と》った。王の母と密通したり、無礼の行動が多かった。天皇はこれを聞き、招致した。〈百済記に、木満致は、木羅《もくら》斤資《こんし》が新羅を征討したときに、其《その》国の婦人を娶《めと》って生んだ子である。父の功績により任那で専権を振るった。我が百済に来て、貴国と往来した。天皇の命令を受けているとして百済の政治を行った。権力は百済の君主のようだった。天皇はその暴政を聞いて招致したという〉〔C〕（『日本書紀』応神紀二五年条本文と所引「百済記」）

これは、二九四年とされるが実際には四七四年である。木満致《もくまんち》の百済の国政担当と、彼の父である木羅斤資《もくらこんし》について記している。

この記事は、翌年の高句麗《こうくり》長寿《ちょうじゅ》王の軍勢が百済王都を包囲した話に続くもので、「百済記」（『日本書紀』雄略《ゆうりゃく》紀《き》二〇年条所引）はその年を「蓋鹵《がいろ》王乙卯《いつぼう》年冬」、つまり四七五年としている。また、『三国史記』（百済本紀蓋鹵王二一年条）にも、長寿王の百済王都の漢山城包囲のとき、蓋鹵王の子である文周《ぶんしゅう》王が木満致《もくまんち》（「木劦（劦）満致」と表記）らとともに南に逃げたとある。

〔C〕における木満致《もくまんち》の倭への招致は、おそらくこのときの木満致の「南行」（熊津《ゆうしん》への逃避）を脚色したものだろう。

『日本書紀』神功紀からどう読み取ったか

ここまで三世紀の記述とされてきた『日本書紀』神功紀から、五世紀前半の史実を述べてきたが、その実証的根拠について簡単に触れておきたい。

まず、百済と倭の同盟関係についてである。

同盟を結ぶにあたっては、百済から王族の女性が倭にやってきたこと、倭からも使者が派遣されたとの想定がある（〔B〕の『日本書紀』神功紀六二年条所引「百済記」、同雄略紀二年七月条所引「百済新撰」己巳〔四二九〕年条、『三国史記』百済本紀毗有《ひゆう》王二〔四二八〕年条に拠る）。百済と倭の同盟による大加耶・新羅への軍事行動が、かつて大加耶に対して倭が軍事行動を起こした起源として干支三巡遡らせた一八〇年前の『日本書紀』神功紀に記載されたのだろう。

つぎに、先の〔A〕にある百済の木羅斤資《もくらこんし》と倭系の沙沙奴跪《ささなこ》の軍事活動である。

〔C〕にある「木満致《もくまんち》は、木羅斤資《もくらこんし》が新羅を征討したときに、其国《その》（新羅）の婦人を娶《めと》って生んだ子である。父の功績により任那で専権をふるった」は、明らかに新羅を征討した〔B〕を前提としている。さらに〔B〕の「木羅斤資を派遣して、兵士を率いて加羅〔大加耶〕に来集させ、国を復興させた」とある大加耶での活動との連続性や整合性を考慮すれば、〔A〕の大加耶での軍事活動は否定できない。

木羅斤資《もくらこんし》とともに新羅を追討したとある沙沙奴跪《ささなこ》は、倭系の人間と推測できる。天皇が派遣した人物として「阿礼奴跪《あれなこ》」（『日本書紀』雄略紀二年七月条）、「津守連己《つもりのむらじこ》麻奴跪《まなこ》」（同欽明紀五年二月条所引「百済本記」）がいる。いずれも「奴跪《なこ》」が使われている。倭が派遣した人物に付けられたのだろう。また、「木羅斤資《もくらこんし》」にのみ百済の将と註記されているので、沙沙奴跪《ささなこ》は倭系の人間と推測できる。

さらに、〔A〕〔B〕〔C〕と「百済記」全体の整合性を重視すれば、前章で述べた『日本書紀』神功紀四九年条の「加羅七国平定」記事は、二四九年の史実ではなく、四二九年の百済主導による、この新羅・加耶での木羅斤資《もくらこんし》と沙沙奴跪《ささなこ》の活動と考えられる。

2　倭の五王による「任那・加羅」都督諸軍事申請

倭は中国南朝に何を求めたか

倭からの中国南朝への遣使は、互いの代替わりの時期を中心として四一三年から五〇二年までの間、中国の正史『宋書《そうじょ》』をはじめとする史書に合計一三回記録されている。最後の二回にあたる四七九年と五〇二年の遣使は、斉《せい》と梁《りょう》という新王朝の樹立にともなう記念祝賀的除授《じょじゅ》（王朝交替・代替わりなどの官職授与）である。そのため倭から実際の遣使朝貢がなかった可能性が高い。実質的には、四七八年における遣使朝貢が南朝との最後の交渉だったと考えられる。

他方で、最初の四一三年の朝貢は正式ではないとする見解もある。このときの朝貢では高句麗の特産物を倭が貢献したとされる。そのため「広開土王碑」や「倭王武《ぶ》の上《じょう》表文《ひょうぶん》」からみえる倭の高句麗敵視観からすれば、対立する高句麗との同時入貢は考えられず、高句麗に捕らえられた倭人捕虜によるという説もある。

しかし、東晋《とうしん》の北方への進出により、首都建康《けんこう》への朝貢路が回復され、三韓及び倭との交通状況は改善されていた。中国史書に記された倭の讃《さん》（賛）・珍《ちん》・済《せい》・興《こう》・武《ぶ》という五人、いわゆる「倭の五王」による遣使の最初だったことは十分考えられる。

また『日本書紀』応神紀《おうじんき》に見える阿知使主《あちのおみ》らが高句麗に道を請い、高句麗とともに呉《ご》（南朝）に至ったとの伝承がある。『日本書紀』雄略紀との重複など史料批判の問題はあるが、ここでの高句麗経由による「呉」（中国南朝）との交通記載は無視できない。

当時、高句麗は百済と倭に対して主体的に外交をリードできる状況だった。倭だけでなく百済でも高句麗に南朝への路を塞《ふさ》がれれば交渉が困難だった。先述したように高句麗の南下圧力は四〇〇年以降も、五世紀を通じて継続していた。高句麗の強大化により、従属的な立場を倭が一時的に取らざるを得ない状況が想定される。

おそらく四一三年の朝貢は、倭の五王の一人・讃が「倭王」として南朝に承認されるという倭の主体性を保ちながらも、高句麗の国威発揚に利用された側面があったものと考えられる。

何より倭の五王による遣使の目的は、倭内における自己の地位と朝鮮半島での軍事活動を中国王朝から承認してもらうことにあった。倭国王は倭以外に百済以下の朝鮮南部

3-1　５世紀前半、朝鮮半島情勢と倭の五王

年	出来事
427年	高句麗の平壌遷都
428年	百済へ倭国の使い、従者50人。百済王、新斉都媛を倭王へ送る
429年	百済王、池津媛を倭王へ送る。百済の木羅斤資と倭の沙沙奴跪、新羅・加羅と戦う。百済、大加耶に支配権確立
434年	新羅と百済の講和
438年	倭王珍が「新羅」「任那」を含む初めての六国諸軍事請求
442年	葛城襲津彦による加羅攻撃と敗退
443年	倭王済の朝貢
451年	倭王済の「新羅」「任那」「加羅」を含む六国諸軍事承認

地域について、「諸軍事」号に対応した「軍政権」を中国王朝に要請する。しかし、宋は北魏との対抗上、百済を含む称号は一度も許さなかった。

倭国の諸軍事号の申請——任那と加羅の分離

『宋書』倭国伝によれば、四三八年に倭王珍は宋に、初めて「新羅」と「任那」に対する「軍政権」を求めた。

ここでの軍政権とは、諸国の独立を認めつつも、倭による対高句麗戦に際しての多国籍軍司令官が持つ統一指揮権や兵士・物資の動員権などを示すと考えられる。

さらに四四三年と四五一年に倭王済は遣使し、四五一年に「任那」と区別される「加羅」の称号が承認されている。

これは、先述した四二九年の百済将軍木羅斤資《もくらこんし》と倭の沙沙奴跪《ささなこ》による「新羅」「加羅」征討、四四二年の「新羅」「加羅」への沙至比跪《さちひこ》（葛城襲津彦《かつらぎそつひこ》）による大加耶への征討失敗と無関係ではない（山尾幸久一九八九）。

すでに四三八年に倭王珍は宋に、「新羅」「任那」を含めて初めての六国諸軍事の称号を請求していた。これを前提にすれば、おそらく、「新羅」「任那」「加羅」を含む諸軍事の要請は四四三年の遺使で行われていた可能性が高い。前年の葛城襲津彦《かつらぎそつひこ》による加羅攻撃失敗により「加羅」（大加耶）を加えた軍政権の申請を中国王朝に行っていたと想定される。

それまで「任那」として一括されていた加耶諸国が、「任那」（金官）と「加羅」（大加耶）に二区分されたことは、考古学からもうかがわれる金官の没落と大加耶の躍進を示している。

3 大加耶の中国への遣使——「輔国将軍本国王」の冊封

大加耶の中国への朝貢

四七五年、百済は高句麗の圧迫により漢城《かんじょう》から約一二〇キロほど南の熊津《ゆうしん》へ遷都した。だが、強力な高句麗を中心とした秩序は変わりつつあった。

五世紀後半、朝鮮半島の秩序は新羅と加耶諸国の自立により変化していく。とりわけ四八一年に、大加耶と百済が高句麗の侵入に苦しむ新羅に援軍を送ったことは、大きな転機だった（『三国史記』新羅本紀）。これは反高句麗勢力の結集が可能となったことを示している。

四七九年には大加耶王と考えられる加羅王荷知《かち》が初めて南斉《なんせい》に朝貢し「輔国将軍本国王《ほこくしょうぐんほんこくおう》」に冊封《さくほう》される。「本国王」とは加羅王（大加耶王）への冊封を示す。

加耶北部の一国である大加耶が国際的承認を受けたことは、加耶諸国内部でのその地位を高くしたといえよう。他方、これは相対的に金官の地位の低下を示すものでもあった。

大加耶王の南斉への朝貢は、大加耶を中心とした独立的機運が高まった象徴的な出来事だった。それは百済の弱体化でもあり、両国の力関係が変化し、大加耶が親百済の立場から転換したことを意味した。

四八七年、大加耶の高句麗への接近

大加耶が南斉に朝貢した後、四八七年に大加耶と百済は、再び新羅に援軍を派遣し、高句麗に抵抗していた。

この年〔四八七年〕、紀生磐宿禰《きのおいわのすくね》は任那を超えて高句麗と通交した。西方三韓《みつのからくに》の王になろうとして、宮府《みやつかさ》を整え、自ら神聖《かみ》と名乗った。〔紀生磐宿禰は〕任那の左魯《さろ》・那奇他甲背《なかたこうはい》らの計略を用いて、百済の適莫爾解《ちゃくまぐにげ》を爾林《にりん》で殺した〈爾林は高麗〔高句麗〕領である〉。〔さらに〕帯山城《しとろむらさし》を築き、東道を塞《ふさ》ぎ守り、食料を運ぶ船津を遮断して、軍兵を飢え困らせた。

百済王は大いに怒り、領軍古爾解《れいぐんこにげ》や内頭莫古解《ないとうばくこげ》らを派遣して、軍衆を率いて帯山城《しとろむらさし》に向かわせ攻撃した。そこで紀生磐宿禰《きのおいわのすくね》は軍を進め逆撃した。気力はますます壮《さか》んで、向かうところみな打ち破り、一人で一〇〇人に当たる勢いだった。まもなく兵力も尽きて、事が成りがたいことを知り、任那から帰国した。これによって百済は左魯《さろ》・那奇他甲背《なかたこうはい》ら三〇〇余人を殺した。〔D〕

（『日本書紀』顕宗紀《けんぞうき》三年是歳《このとし》条）

この記事は、倭から派遣された「紀生磐宿禰《きのおいわのすくね》」が任那で割拠し高句麗と通じて、百済と交戦したことを語っている。

帯山城《しとろむらさし》は、百済の都から伸びる「東道」や兵糧を運ぶ河川の津（運糧津）を遮《さえぎ》る場所にあり、高句麗領の爾林《にりん》とは近かったと考えられる。『日本書紀』では「紀生磐宿《きのおいわのすく》禰《ね》」が主導した反乱となっている。

だが、佐魯《さろ》・那奇他甲背《なかたこうはい》らの「計」を用いたとある。また、「紀生磐宿禰《きのおいわのすくね》」は反乱が失敗しても任那から撤退するだけで処分されず、「任那左魯《さろ》・那奇他甲背《なかたこうはい》」ら三〇〇余人が百済に殺害されたとある。このことを重視すれば、本来は大加耶主体による反乱だったと考えられる。

また、おそらく紀生磐宿禰《きのおいわのすくね》は、「百済本記」の「為歌岐弥《しかのきみ》」から創作された人物で、紀氏とは本来無関係だろう（仁藤敦史二〇二四）。

なお、『日本書紀』顕宗紀《けいぞうき》の実年代を考えるうえで、「内頭莫古解《ないとうばくこげ》」の名称が早すぎるとの批判がある。百済の六佐平《ろくさへい》（百済の最高官位名かつ最上級官庁の長官名）の一つに財政を担当する「内頭佐平《ないとうさへい》」があり、六佐平の成立が六世紀とされることが主要な根拠となっている。

しかし、「莫古解《ばくこげ》」の類似例は多くあり、「内頭《ないとう》」も「三佐平《さんさへい》・内頭及び諸臣」（『日本書紀』欽明紀四年一一月甲午《こうご》条）とあるように有力氏族が任命される「佐平」とは異なる系列が先行する。「内頭」が「股肱《ここう》の臣」ともされた内臣の長官とすれば、六世紀前半に整備された六佐平《ろくさへい》の成立以前に「内頭」は存在したと考えられる（李文基二〇〇三）。

この事件は、高句麗による侵入に苦しむ新羅を援助するため、大加耶と百済が援軍を送る状況で起きている。百済軍が新羅を救援するためには、中部山岳地帯の加耶領を通過する必要がある。高句麗からの防衛や兵站《へいたん》路を維持する名目で、百済は兵士や城を加耶領内に置き、大加耶の主権を侵害したことが原因と考えられる。

事件の実態は、大加耶を中心とした勢力が、新羅救援に名を借りた百済の加耶侵略に対抗するため、親百済路線から転換し高句麗と連携を試みるも、百済の武力により頓挫したと解釈される（大山誠一一九九九、李鎔賢一九九七）。

高句麗は、結成されつつある対高句麗同盟（新羅・百済・加耶）の一角を崩すために大加耶へ働きかけていた。他方で、大加耶も百済の軍事的圧迫を緩和するため高句麗と通じようとしていた。

加耶の北限は

ところで、紀生磐宿禰《きのおいわのすくね》が百済の将軍を殺したとある爾林《にりん》についてである。『日本書紀』は高句麗領と注記する。また、忠清北道忠州市中央塔面龍田里《チュンチョンブクドチュンジュシチュンアンタプミョンヨンジョンリ》で発見された中原高句麗碑《ちゅうげん》の存在を前提とすれば、五世紀代の高句麗領は明らかにこの付近を含む。さらに『三国史記』地理志にみえる旧高句麗領の記載は忠州よりも南までである。この『三国史記』地理志の記載は四七五年から五〇五年前後までの最大版図とされる（武田幸男一九八九）。おそらく、爾林《にりん》は忠清北道の陰城《ウムソン》・槐山《クェサン》付近に比定される（李鎔賢一九九七）。

一方で加耶の北限は、序章で述べたように「東北は加耶山《かやさん》を以《もっ》てし」（『三国遺事』所引『駕洛国記《からこっき》』）とあるように伽耶山《かやさん》となる。しかし、「五加耶」（序章二二頁参照）の一つ古寧《こねい》加耶は、現慶尚北道尚州市咸昌《キョンサンブクドサンジュシハムチャン》に比定される（『三国史記』雑志・第三地理一・五加耶条、『三国遺事』紀異第一・五伽耶条）。伽耶山よりかなり北方に位置する。

この当時、任那（大加耶）の兵が駐屯し、高句麗と対峙していたことを重視すれば、少なくとも高句麗領と加耶領は接していた可能性が高い。
しかし、先の事件により、加耶の北限は古寧加耶《こねい》（慶尚北道咸昌《キョンサンブクドハムチャン》）を含む北の山岳地帯から大加耶の伽耶山《かやさん》まで縮小する。のちに伽耶山までが加耶領とされたのは、この事件の結果、版図が百済に奪われ縮小したためだろう。古寧《こねい》加耶は、五世紀末の最大版図の状況を示したと考えられる。

倭からの派遣軍を率いた大加耶王

新羅救援に、大加耶と倭の軍が参加した事情は、『日本書紀』によれば以下の通りだ。

このとき、新羅王は夜に高麗《こま》〔高句麗〕軍が四方で歌儛《うたまい》するのを聞いて、敵がことごとく新羅の地に侵入したことを知り、任那王に人を遣わして「高麗王が我が国を征伐しようとしている。〔中略〕伏して倭から派遣された行軍元帥《いくさのきみ》たちに救援を頼みたい」と言った。このため任那王は膳　臣斑鳩《かしわでのおみいかるが》〔中略〕・吉備臣小梨《きびのおみおなし》・難波吉士《なにわのきし》赤目子《あかめこ》らを新羅に行かせて救援させた。

（『日本書紀』雄略紀八年二月条）

「任那王」、つまり大加耶王の配下に膳臣斑鳩《かしわでのおみいかるが》ら三人の「日本府の行軍元帥《いくさのきみ》」（倭から派遣された将軍）が属したとの記事からは、大加耶王が倭から派遣された軍を統率し、倭軍単独の出兵ではなかったことになる。高句麗はこのとき、精兵一〇〇人を新羅に駐屯させている（『日本書紀』雄略紀八年二月条）。

　他方で、先の〔D〕『日本書紀』顕宗紀三年是歳《このとし》条の百済への反乱記事と対応するのが、以下の『日本書紀』欽明紀である。紀生磐宿禰《きのおいわのすくね》と任那の左魯《さろ》・那奇他甲背《なかたこうはい》の共謀、高句麗との内通など記載内容が一致するので、両者は基本的に同一の事実を語っている。

〔百済王は〕河内直《かわちのあたい》に語って〈百済本記に、「河内直・移那斯《えなし》・麻都《まつ》」という。語が訛《なま》っていて正しいか未詳である〉、「昔から今に至るまでずっと、汝《なんじ》の悪評のみを聞いている。汝の先祖たちも〈百済本記に、「汝の先祖那干陀甲背加臘直岐甲背《なかたこうはいかろうちきこうはい》」という。また「那歌陀甲背鷹奇岐弥《なかたこうはいようかきみ》」という。言葉が訛って未詳である〉、共に奸計《かんけい》を懐《いだ》き、誘い話をした。「為歌可君《いかかのきみ》」は〈百済本記に、「為歌岐弥《いかきみ》、名は有非跛《うひは》」という〉、ひたすらその言葉を信じ、国難を顧みず、我が心に背《そむ》いて、ほしいままに暴虐を行った。そのため追放された」と言った。

（『日本書紀』欽明紀五年二月条）

この記述で百済聖明《せいめい》王は、新羅と内通した倭系加耶人である河内直《かわちのあたい》らを非難し、彼らの先祖も反抗的だったと述べている。「河内直・移那斯《えなし》・麻都《まつ》」らが欽明天皇の時代に百済に敵対的だった理由は、百済王の軍隊に彼らの先祖が殺されたことであることが知られる。

「国難を顧みず、我が心に背いて、ほしいままに暴虐を行った」とは、具体的には先の〔D〕『日本書紀』顕宗紀三年是歳《このとし》条の「任那を超えて高句麗と通交した」「任那の左《さ》魯《ろ》・那奇他甲背《なかたこうはい》らの計略を用いて、百済の適莫爾解《ちゃくまぐにげ》を爾林《にりん》で殺した。帯山城《しとろむらさし》を築き、東道を塞ぎ守り、食料を運ぶ船津を遮断して、軍兵を飢え困らせた」という状況を語っていることになる。

高句麗から大加耶への働きかけ

「河内直《かわちのあたい》・移那斯《えなし》・麻都《まつ》」らの父は加臘直岐甲背《かろうちきこうはい》で、祖父は那干陀甲背鷹奇岐弥《なかたこうはいようかきみ》だ。彼らの基本的立場は加耶の独立維持である。高句麗や新羅、倭を引き込んで百済の侵攻に抵抗していたため、百済聖明王《せいめい》はたびたび彼らの排除を主張していた。

高句麗の強い影響下にあった新羅による独立的動きに対応し、結成されつつある対高句麗同盟（新羅・百済・大加耶）の一角を崩す意味で、高句麗から大加耶への働きかけが想定される。一方、大加耶も百済の軍事的圧迫を緩和するため高句麗と通じることは、当時の情勢としては理解できる。

また、『日本書紀』欽明紀二年七月条所引「百済本記」に「加不至費直《かふちのあたい》（河内直《かわちのあたい》）」（母は倭婦）・「阿賢移那斯《あけえなし》・佐魯麻都《さろまつ》」（母は韓婦）と表記された人物の祖父が、『日本書紀』顕宗紀の「任那左魯《さろ》・那奇他甲背《なかたこうはい》」であり、父が「加臘直岐甲背鷹奇岐弥《かろうちきこうはいようかきみ》」だったと推測できる。

祖父は「任那」を名乗っているように加耶系の出身で、孫の「河内直《かわちのあたい》・移那斯《えなし》・麻都《まつ》」の三人は「安羅《あら》」（任那）に居住したが（『日本書紀』欽明紀四年一二月条）、「本邑《ほんゆう》」（大加耶か？）は別に存在したとある（同五年一一月条）。おそらくは加耶諸国の盟主的な国だった大加耶出身の可能性が高い。百済の加耶侵攻に抵抗した「日本府執事」（倭系加耶人の役人）らの先祖も百済に反逆していた歴史が明らかとなる。

大加耶と高句麗の通交

五世紀後半の四八〇年代以降、大加耶を中心とする勢力は自らの独立維持のためにめまぐるしく高句麗、百済、新羅との関係を変えていく。高句麗と外交関係を結び百済に反抗したことについては、先に百済の軍事的圧迫の緩和のためと記したが、さらに親新羅政策を選択する。当時の政治状況をあらためてみてみよう（3－2）。

先述したように四七五年に、百済は高句麗に圧迫され漢城から熊津《ゆうしん》へ遷都し、大加耶王と考えられる加羅王荷知《かち》は四七九年に初めて南斉に朝貢している。百済の弱体化が進み、大加耶を中心とした独立的機運が高まっていた。両国の力関係に変化が生まれ、大加耶では親百済立場から転換して独立的な動きが起こったことが想定される。

大きな転機は、四八一年に高句麗の侵入に苦しむ新羅に大加耶と百済が援軍を派遣したことだった。百済が新羅を援助するには、加耶領を通過する必要がある。百済は高句麗からの防衛や兵站路《へいたんろ》を維持する目的から兵士や城を加耶領内に置き、加耶の軍政権を制限したことが推測される。このため、先述したように北方の加耶領が百済に奪われて版図が縮小する。

他方で、先述した『日本書紀』顕宗紀三年是歳条《このとし》における「紀生磐宿禰《きのおいわのすくね》」は、加耶

3-2　5世紀後半、朝鮮半島情勢

年	出来事
475年	百済、漢城から熊津へ遷都（『三国史記』高句麗・百済／『日本書紀』雄略紀20年百済記）
479年	加羅王荷知、南斉に朝貢（『南斉書』加羅国伝）
481年	大加耶と百済が高句麗侵入に苦しむ新羅に援軍（『三国史記』新羅）
487年	為歌岐弥有非跛、高句麗と通交（『日本書紀』顕宗3年／欽明5年2月）
494年	高句麗が新羅を攻め、百済が単独で救援（『三国史記』新羅・高句麗・百済）
495年	新羅が百済の雉壌城へ援軍（『三国史記』新羅・高句麗・百済）。加耶領土内を行軍か
496年	大加耶、新羅に白雉を送り、新羅勝利を祝う（『三国史記』新羅）

王の配下にあった西日本の豪族だった可能性が高い。ヤマト王権とは相対的に独立した、現地の勢力と結託する独自の活動だったといえる。

新羅への救援は、四八一年と四九四年である（『三国史記』）。四九四年は百済単独であり、大加耶と百済の両国による新羅救援は四八一年のみが該当する。紀生磐宿禰《きのおいわのすくね》による大加耶の百済に対する反乱は、おそらくこの時期、四八七年と考えられる。

四九五年には、逆に新羅が百済の雉壌城《ちじょう》へ援軍を送っている。このときは新羅が旧加耶領土内を逆方向に行軍したことが想定される。翌四九六年には新羅が救援した「雉壌城」の名前にちなんでか、大加耶は新羅に「白雉《はくち》」を送り、新羅の高句麗への勝利を祝っている。

大加耶は四八七年の反乱の結果、親百済から親新羅へ外交方針を変更したのだ。次章で述べるように、その後、加耶諸国への百済による軍事侵攻が五一二年以降に始まることになる。

4 加耶・馬韓の倭臣たち――ヤマト王権と異なる倭系集団

有力豪族の雄略天皇への反抗

五世紀半ばから『日本書紀』欽明紀では、「任那日本府」の表記が現れる。任那日本府の解釈については諸説あり、第4章4節で詳述するが、「日本府」自体は、百済の加耶侵攻に対して、独立を維持し抵抗する倭系の人々の総称と考えるべきである。

その背景には、五世紀後半以降の雄略天皇時代の半世紀の間に、倭の有力豪族が王権の統率を離れて独自に朝鮮半島南部で活動するようになったことがある。

たとえば、四六三年に吉備上道臣田狭《きびかみつみちのおみたさ》が「任那国司《くにのみこともち》」に任じられたものの、雄略天皇の意向に背《そむ》いたとの記載がある。

〔吉備《きび》上道臣《かみつみちのおみ》〕田狭《たさ》を任那国司《くにのみこともち》に任命した。しばらくして雄略天皇は〈田狭の妻である〉稚媛《わかひめ》を召した。田狭臣《たさのおみ》は稚媛と結婚して兄君《えきみ》・弟君《おときみ》が生まれていた〈別本に、田狭臣の妻は名を毛媛《けひめ》といい、葛城襲津彦《かつらぎのそつひこ》の子、玉田宿禰《たまたのすくね》の娘である。天皇は容姿が美しいと聞き、夫を殺して自ら召したという〉。

田狭《たさ》はすでに任地に赴いていたが、天皇が自分の妻を召したと聞き、援助を求めて新羅に入ろうと思った。このとき、新羅は日本に朝貢していなかった。天皇は田《た》狭臣《さのおみ》の子弟君《おときみ》と吉備海部直赤尾《きびあまべのあたいあかお》とに詔して、行って新羅を討てと命令した。弟君《おときみ》は命令を受けて、軍勢を率いて百済に行き、新羅に入った。〔中略〕弟君は路が遠いと思い、討たずして帰った。〔中略〕任那国司《くにのみこともち》の田狭臣《たさのおみ》は、弟君が討たずして帰ったことを喜び、ひそかに人を百済に派遣して、弟君に戒めて、「我が子である汝《なんじ》は百済に割拠して日本に通じてはいけない。私も任那に割拠して、日本に通じない」と言った。

（『日本書紀』雄略紀七年是歳《このとし》条）

「任那国司《くにのみこともち》」とは、特定の目的で不定期にヤマト王権から派遣された使者だと考えられる。

この記載によれば吉備氏は加耶を拠点として新羅と通じ、葛城《かつらぎ》氏とも婚姻関係を持っていた。また同年条には吉備下道臣前津屋《きびのしもつみちのおみさきつや》による雄略天皇への反乱伝承が語られ(『日本書紀』雄略紀七年八月条)、雄略天皇と吉備氏は対立の要素を孕《はら》んでいた。

雄略天皇は「天皇、親《みずか》ら新羅を伐《う》たんと欲す」として、四人の将軍を任命し新羅征討を命じてもいる(『日本書紀』雄略紀九年三月条)。このように雄略天皇は反新羅の立場だった。

吉備上道臣田狭《きびかみつみちのおみたさ》は子の弟君《おときみ》が雄略天皇の命令に反して新羅を討たなかったことを喜んだ。また「吾《われ》は任那に拠《よ》り有《たも》ちて、亦《また》日本に通わじ」と明言し、雄略天皇とは異なる立場、つまり親新羅であり親加耶の立場が明瞭である。

子の弟君《おときみ》には「百済」と連携して「日本」に対抗する立場を示し、周辺諸国との連携を維持することを指示している。それは加耶の独立を維持する立場からであり、加耶諸国の外交方針と一致し、現地の立場を代弁したと考えられる。

「日本府」の実態——任那王配下の倭系加耶人たち

こうした活動は、百済の侵攻を排除し、加耶の独立を維持しようとする、のちの「任那日本府」の活動に連続する。

加耶諸国との関係を持つ吉備《きび》氏一族には、先述したように「任那国司《くにのみこともち》」とされた吉備《きび》上道臣《かみつみちのおみ》田狭《たさ》、弟君《おときみ》、吉備《きび》海部直《あまべのあたい》赤尾《あかお》がいる。また、任那王（大加耶王）による新羅救援軍に「日本府の行軍元帥《いくさのきみ》」の一人として膳臣《かしわでのおみ》・難波吉士《なにわのきし》とともに吉備臣《きびのおみ》小梨《おなし》がいる（『日本書紀』雄略紀八年二月条）。

他方で、「吉備《きび》上道臣《かみつみちのおみ》采女《うねめ》大海《のおおあま》」（『日本書紀』雄略紀九年三月条）、「征新羅将軍吉備《きびの》臣尾代《おみおしろ》」（同二三年八月条）の名前がある。前者には、韓奴《からやっこ》＝家人部（吉備氏に隷属した渡来系技術者）の獲得伝承もあり、「吉備《きび》上道《かみつみちの》蚊島田邑《かしまだのむら》」に居住したとある（同九年五月条）。朝鮮半島から渡来した人々が吉備地方（現中国地方中部）に居住したことが知られる。

「日本府の行軍元帥《いくさのきみ》」は、先に引用したように「日本府」の初見史料である。同じ『日本書紀』でものちの欽明紀に見える「日本府」とは区別し、例外視する理解もあるが、「任那王」（大加耶王）の指揮下に吉備氏を含む倭系の人々がいたことが重要だ。

すでに「百済本記」に、任那人は「安羅《あら》を父とし、日本府を本とする」（『日本書紀』

欽明紀五年三月条）とある。つまり、任那諸国は安羅を盟主とし、そこにいる日本府（具体的には移那斯《えなし》・麻都《まつ》などの倭系加耶人）の意に従っていると百済は判断している。したがって、「日本府」については、百済の立場から任那王（安羅王）の配下に位置付けられた倭系の人々の総称と考えることができる。

他にも後述する近江臣毛野《おうみのおみけぬ》に討たれた「吉備韓子那多利《きびのからこなたり》・斯布利《しふり》」の記述がある（『日本書紀』継体紀二四年九月条）。彼らは「韓子《からのこ》」と表現され、朝鮮半島の女性と吉備氏との間に生まれた者を示している。毛野は倭から派遣された人物で、現地の人民を悩まし、現地の利害と衝突した。吉備韓子《きびのからこ》もヤマト王権側ではなく、現地の立場を代弁した者と考えられる。

ここからもヤマト王権と倭系加耶人との立場の違いが確認できる。つまり、ヤマト王権と「日本府」の一体性は読み取れない。

さらには「任那日本府」の吉備臣《きびのおみ》（欠名。弟君《おときみ》と同一人物か）が百済に行ったとある（『日本書紀』欽明紀二年四月条）。韓子《からのこ》・韓腹《かんぷく》の記載や、「日本府」の構成員たる「日本府卿等」の人々が長く大加耶に居住したことなどを重視すれば、「日本府」との表記以前から、加耶諸国に吉備氏らが倭系加耶人として居住したことになる。

雄略天皇への吉備臣《きびのおみ》の反乱伝承を重視すれば、親百済・反新羅というヤマト王権とは外交的立場を異にする吉備氏一族が「吾《われ》は任那に拠《よ》り有《たも》ちて、亦《また》日本に通わじ」とあるように加耶に居住したと考えられるのだ。

加耶で土着化した倭臣たち

倭系でありながら、ヤマト王権とは相対的に独立した吉備氏は、加耶諸国の独立性を維持する外交的立場を主張する存在だった。

『日本書紀』のなかで百済側が、「安羅《あら》にいるさまざまな倭臣」と倭臣を強調するのは、元倭臣の子孫だったことにより、ヤマト王権への臣従関係を期待したからだ。だが、必ずしもヤマト王権に寄り添った行動を示さなかった。

五世紀後半の雄略天皇の時代以降、旧倭臣たちの子孫は、ヤマト政権との関係が稀薄化し、加耶の勢力と連合して百済に対抗していた。雄略天皇が採用した親百済・反高句麗・反新羅路線とは異なる、吉備氏のような独立勢力が存在し、加耶の在地勢力と提携しつつ侵略的な百済に対抗し、反百済・親高句麗・親新羅的な活動をしていたのだ。そのことは「任那日本府」の前提として考えることができる。

つまり、ヤマト王権から相対的に独立した旧倭臣勢力と、数代にわたり百済に敵対する在地勢力の連合が存在した。旧倭臣は五世紀後半における雄略天皇の時代から連続する勢力であり、先祖が管理した兵馬船を継承し軍事力を持った。彼らが加耶で土着化したのである。

百済で土着化した倭臣たち——馬韓の前方後円墳の埋葬者とは

同じく六世紀前半から半ば、『日本書紀』継体《けいたい》・欽明紀の間に集中して見える倭系百済官僚も同様な存在と考えられる。

『日本書紀』で引用される百済三書では、倭系の人物のうち親百済的であれば百済の官位が与えられ、倭系百済官僚となる。対して反百済・親加耶的であれば、抵抗勢力として「任那日本府」と表現されたと考えられる。ちなみに、倭系百済官僚と推定されているのは3-3の人々である。

馬韓《ばかん》（第1章参照）と称された朝鮮半島南部西端に位置し、百済の領域支配を受けていなかった栄山江《ヨンサンガン》流域には倭系の前方後円墳が存在する（第4章一五六頁参照）。それは在地の古墳系列とは明らかに異なる。これら前方後円墳は、五〇〇年前後の一時期だけ

3-3　倭系官僚と推測される人たち

〈物部・穂積〉
下哆唎国守穂積臣押山（意斯移麻岐弥）（継体紀６/４、６/12、７/６、23/３）
物部連奈率用奇（歌）多（欽明紀５/２、６/５）
物部施徳麻奇牟（欽明紀４/９）
東方領物部莫奇武連（欽明紀15/12）
物部奈率奇非（欽明紀５/３）
上部奈率物部烏（欽明紀15/２）
〈科野（斯那奴）〉
日本斯那奴阿比多（継体紀10/９）
施徳科野次酒（欽明紀５/２）
日本（斯那奴）阿比多（欽明紀11/２）
上部徳率科野次酒（欽明紀14/１）
上部奈率科野新羅（欽明紀14/８）
〈巨勢（許勢）〉
許勢奈率奇麻（欽明紀５/３、８/４）
〈紀／葦北／竹斯〉
紀臣奈率弥麻沙（欽明紀３/７、５/２）
中部奈率己連（欽明紀３/７、５/２、５/３）
（葦北）達率日羅（敏達紀12）
竹斯物部莫奇委沙奇（欽明紀15/12）

註記：①氏族名による分類。②各行末尾の（　）は『日本書紀』内の出典を示す。たとえば継体紀６/４は『日本書紀』継体紀６年４月条のように年と月を示す。③下線は官位。なお百済の官位制によれば、達率・東方領は二品、徳率は四品、奈率は六品、施徳は八品に相当。数字が少ないほど高位

造られたものだ。そして、この前方後円墳の埋葬者たちは筑紫《つくし》出身の倭系であり、その一部がその後、倭系百済官僚になったと考えられる（朴天秀二〇〇八、李鎔賢二〇〇八）。ただし、五世紀後半から六世紀初頭にかけて前方後円墳が持つ性格が大きく変わっていく。本来、権力表象や王権の構成員の意識を示すものから、共通の葬送観念に基礎を置く墓制に変わったからだ。つまり、ヤマト王権の秩序を示すものから、三韓とは区別された倭系の葬送観念を示すものに変化している。栄山江《ヨンサンガン》流域に展開した前方後円墳もこうした変質過程で築造されたものである。つまりは、ヤマト王権による領域支配とは直接の関係がない。

倭系百済官僚のその後の動向は六世紀を語る次章で詳述したい。

では、筑紫の豪族たちが馬韓の栄山江《ヨンサンガン》流域に進出する大きなきっかけは何だったのか。それは百済が一時的に滅亡し、四七九年に東城《とうじょう》王の即位援助のため倭から派遣されたことが考えられる。『日本書紀』にはこの時期、「筑紫国軍士五百人」の記載がある（『日本書紀』雄略紀二三年四月条）。

これ以外にも筑紫の兵士たちは、しばしばヤマト王権から派遣される軍勢の中核だった。『日本書紀』には以下のような記載もある。

高句麗を征討した水軍の将・筑紫安致臣《あちのおみ》（『日本書紀』雄略紀二三年是歳条）の存在や、筑紫の馬四〇匹が百済に送られた（同継体紀六年四月丙寅条《へいいん》）ことである。また、「助軍数一〇〇〇・馬一〇〇疋・船四〇隻」（同欽明紀一五年正月条）とある百済への援軍は、筑紫国造《くにのみやつこ》を中心とする筑紫の兵だった（同欽明紀一五年一二月条）。

馬韓へは、こうした筑紫の人びとが土着していったのであろう。

統制を強めるヤマト王権

五二八年の国造《くにのみやつこ》磐井《いわい》の乱後、筑紫の軍事拠点としてヤマト王権は那津官家《なのつのみやけ》を設置する。那津官家は朝鮮半島に対する兵站《へいたん》基地の役割を持っていた。

これ以降、九州の軍勢のヤマト王権への従属は強くなる。畿内豪族（阿倍臣《あべのおみ》・佐伯連《さえきのむらじ》）が筑紫の水軍や兵（筑紫国舟師《ふないくさ》・筑紫火君《ひのきみ》・勇士一〇〇〇）を率いる体制、あるいは中央派遣軍が主体の体制となっていく（『日本書紀』欽明紀一七年正月条）。渡海して、百済や加耶に土着する倭人も減ったであろう。

さて、ヤマト王権は朝鮮半島への備えを、那津官家《なのつのみやけ》を設置した筑紫国から行っていく。五三〇年代には、大伴磐《おおとものいわ》の軍勢が筑紫国にとどまり「三韓」に備えたとある（『日本書紀』宣化紀《せんかき》二年一〇月壬辰《じんしん》条)。六世紀末から七世紀初頭には、誇張もあろうが「二万余」の軍勢が約四年間筑紫に駐留している(『日本書紀』崇峻紀《すしゅんき》四年一一月壬午《じんご》条・同推古紀《すいこき》三年七月条)。

那津官家《なのつのみやけ》の設置後、大規模なヤマト王権の軍隊が長期にわたって筑紫国に駐留するが、それは「非常に備える」ために「筑紫・肥・豊、三国屯倉」を中心に諸国から那津官家へ兵粮米を集積する体制が整備されたからだろう(『日本書紀』宣化紀元年五月条)。

しかし、大規模な朝鮮半島への出兵は、六六三年の白村江《はくそんこう》の戦いまでしばらく行われない。倭は渡海して直接軍事行動を取るのではなく、那津官家《なのつのみやけ》に軍勢を駐留させる軍事的圧力によって、外交的成果の獲得を狙う方針に転換していた。

第4章

百済・新羅による蚕食と抵抗

——六世紀

前章で述べたように、百済《くだら》は高句麗《こうくり》の南進の圧力により、四七五年に都を南の熊津《ゆうしん》に移すなど滅亡の危機にあった。四七九年にヤマト王権が後援して東城《とうじょう》王が即位する。そして、同年には大加耶《だいかや》が南斉《なんせい》王朝から冊封《さくほう》され、加耶諸国は大きな飛躍をみせていた。だが百済が復興し、新羅《しらぎ》が強大化するなか、加耶諸国は徐々に危機に立たされていく。

1　「任那四県の割譲」――滅衰する加耶諸国

馬韓への百済の進出――高句麗からの圧力

五世紀後半、百済東城《とうじょう》王は武勲があった王族を旧馬韓《ばかん》地域（現全羅北道《チョルラブクド》・全羅南道《チョルラナムド》）の要地の王・侯に封建し、南斉の中国皇帝からの承認を希望した。

『梁書《りょうしょ》』百済伝には、「百済の王城は固麻《こま》といい、邑《むら》を檐魯《たむろ》という。檐魯は中国でいう郡県のようなものである。百済には二二の檐魯があり、その支配には百済王の子弟や一族を充《あ》てた」とある。これらの王侯号は、軍功による中央からの派遣制度で土着豪族の任用ではない。百済は旧馬韓諸国の領有権を南斉に公認されることを望んだ（坂元義種一九七八）。

末松保和による地名考証によれば、百済の支配領域は南に拡大する（末松保和一九五六）。五世紀後半には、小国群が残っていた旧馬韓地域に百済は進出していく。

倭系百済官僚・豪族、そして前方後円墳

他方、六世紀の継体《けいたい》天皇から敏達《びだつ》天皇の時代、百済と倭の外交交渉で渡来した使節団のなかに、倭系の氏族名で、百済の位階を持つ役人が集中して見える。

五世紀後半以降、倭系百済官僚は旧馬韓地域の百済への統合への対処に起用されていた。六世紀以降は倭との外交、とりわけ「乞師《こっし》」（派兵の要請）の使者として起用されている。いずれも倭への政治的影響力を彼らが持つと百済が認識していたためと考えられる。

百済の官位制では、倭系百済官僚の多くは、初期は地方官僚クラス（六品相当の奈率《なそつ》）だったが、五五〇年代後半からは地位が上昇し、王都に居住する官僚となったようだ。

先述したように、百済は五世紀後半以降の旧馬韓地域の領域化に際し、武勲があった百済王族を要地の王や侯に任命したが、県城以下の地方官僚クラスに、この倭系百済官僚を任命し支配の充実をはかろうとしていた。未服属地域に倭系豪族を任命することで軍政権の行使を期待していた。

このように百済は、倭への救兵要求と未服属地域の百済領化のために、五世紀後半の一時期、倭系豪族の入植を促していた。あるいはすでに移住していた倭系豪族を任用した。もちろんそれは、百済の軍事体制への編入を前提にしたものだ。

その結果、第3章で述べたように、ヤマト王権の外交方針とは異なる考えを持つ倭系豪族が、加耶諸国だけでなく在地の勢力と連携して旧馬韓地域にも割拠していた。旧馬韓地域には、百済との関係を強めながらも、なおも独立的な勢力が存在していたが、その段階に現れたのが前方後円墳である。

日本列島の前方後円墳と同じ墳形の古墳が、朝鮮半島南西部の栄山江《ヨンサンガン》流域を中心に十数基、五世紀後半から六世紀前半にかけての時期に分布する。韓国では楽器の長鼓《チャング》になぞらえて「長鼓墳《チャングブン》」とも表記される。日本列島の前方後円墳との間には類似点とともに相違点もあるが、当時の日本列島と朝鮮半島との密接な関係を表す事例として注目

朝鮮半島の前方後円墳分布図

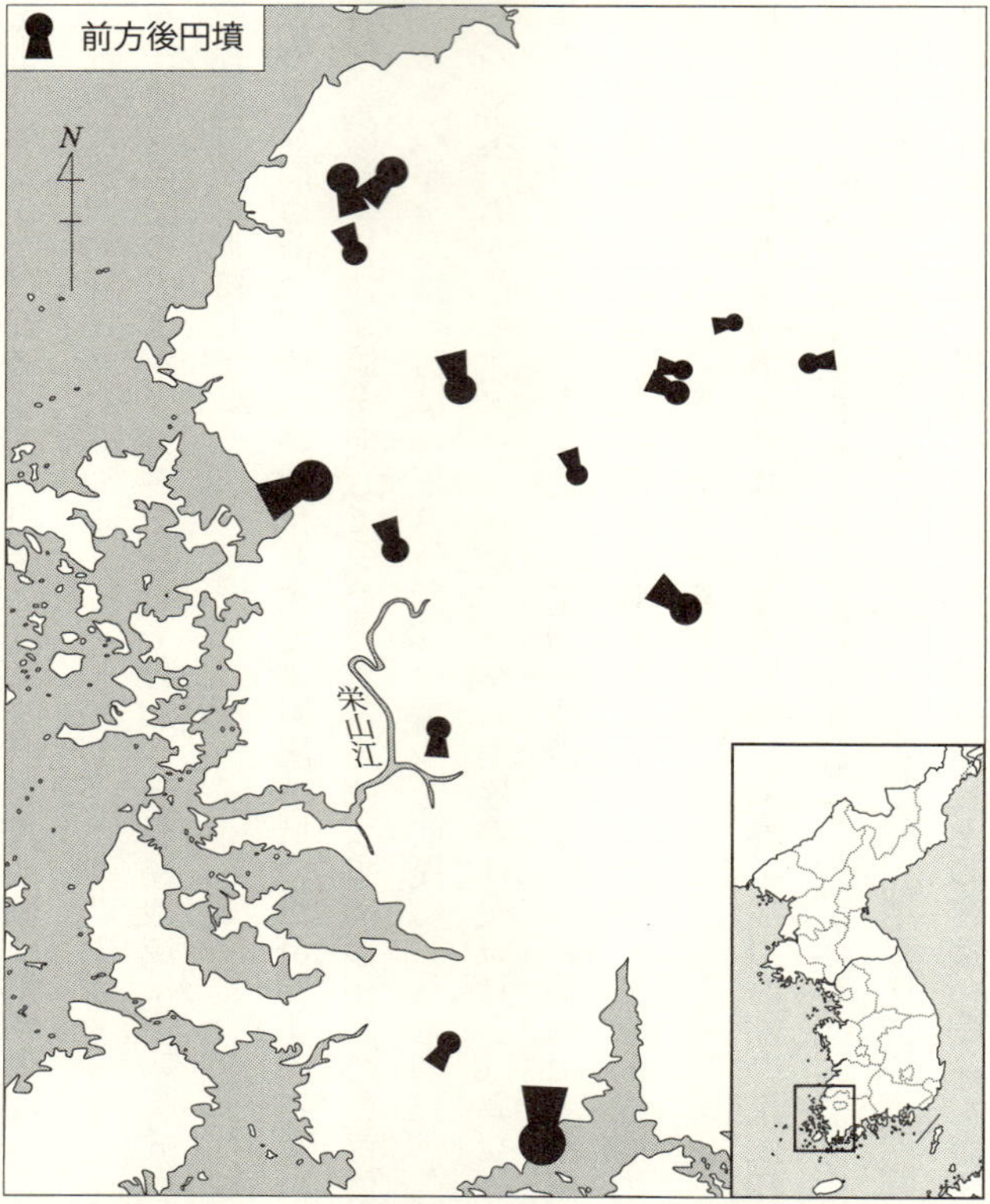

出典：高田貫太『「異形」の古墳——朝鮮半島の前方後円墳』（角川選書、2019年）を基に筆者作成

されている。

一世代で築造が終了すること、在地系の高塚古墳とは異なること、倭系だけでなく、百済系や大加耶系の要素が混在すること、在地工人による倭系遺物の模倣、九州の横穴石室との共通要素が指摘できることなど、複雑な様相が指摘されてきている。そのため、被葬者については在地首長・倭系百済官人・倭人などさまざまな説が提唱されている。

筆者は、第3章でも述べたように倭系百済官僚説を支持するが、厳密には官僚化する一世代前に土着した九州などの倭系の人々と想定する。以下はそうした立場で記していく。

百済の南進時期と耽羅——五〇八年

こうした百済による旧馬韓諸国制圧で時期が問題となるのは、旧馬韓地域のさらに南にある耽羅《たんら》（現済州島）の服属だ。のちの『隋書《ずいしょ》』百済伝には、耽羅（牟羅国《むろこく》）は百済に付庸《ふよう》（従属）していたとあるが、その時期が問題となる（4-1）。

耽羅の百済への服属時期を五世紀後半とするか六世紀初頭とするかで、百済による旧馬韓地域の編入時期が変わるからだ。

4-1　5世紀後半～6世紀初頭、耽羅の動向

年	出来事
476	耽羅が方物を百済に献上（『三国史記』百済本紀）
498	百済王は耽羅が貢賦を納めないので、親征して武珍州（光州）まで至ったが、耽羅はこれを聞いて使者を送って罪を認めたので征討を中止した（『三国史記』百済本紀）
508	南海中の耽羅人、初めて百済国に通う（『日本書紀』継体紀2年12月条）

四九八年に百済王が耽羅《たんら》の使者と面会したとあるのは、四九〇年に百済が南斉に請求した面中王の名称から推測される武珍州（光州）の支配と関連する。馬韓南方の光州付近まで百済の勢力が南下してきたことに対応して、耽羅が使者を派遣したことになる。四七六年の事例とともに不定期的な関係を想定させる。『日本書紀』にみえる「南海中」の表記は百済中心の記述であり、百済側の「百済本紀」に依拠した記述で一定の史料的信頼があるとすれば、「初めて」とは以前までの不定期な朝貢とは異なり継続的服属を示すものと解釈できる。旧馬韓地域への百済の領土拡大と対応していたとすれば、六世紀初めに服属したとするのが妥当だろう。

ただし、『日本書紀』の認識では、「南蛮忱弥多礼《なんばんとむたれ》」（『日本書紀』神功紀《じんぐうき》四九年三月条）とあるように、百済からみた「南蛮」であり、すでに神功紀の段階で、倭から百済に賜与《しよ》された地域として考えられている。

百済への倭の移住政策——五〇九年

『日本書紀』には倭人による旧馬韓地域への入植記事はないが、六世紀初頭の移住政策について記述がある。

使者を百済に派遣して、〔中略〕任那の日本県邑《けんゆう》に住む百済の人々で、逃亡して戸籍に漏れたまま三、四世を経た者を抜き出して、皆百済に移し、戸籍に入れた。
（『日本書紀』継体紀三年二月条）

五〇九年の本籍地からの逃避による除籍の記事だが、百済人の「任那」の日本県邑（加耶地域）から百済領南部とされた旧馬韓地域への移住開拓政策と考えられる。ここでの「日本県邑」とは、『日本書紀』編者の態度である。後述する「任那四県割譲」問題に連続し、任那が倭（日本）の領土だったことを、百済領との対比で強調したものだ。『三国史記』百済本紀には、翌五一〇年に堤防を強固にし、遊食している内外の者を駆り集め農村に帰したとの記事がある。この時期に百済は勧農政策を展開し、対高句麗や新羅に備え、富国強兵に腐心していた。

『日本書紀』が引用する「百済本記」にも、「久羅麻致支弥《くらまちきみ》、日本より来たる」と記載があり、使者派遣の記録が百済側史料にも残っている。倭の政策として語られていることを重視すれば、加耶在住の倭系人も当然含まれた内容と解釈できるが、残念ながら詳細は不明である。

いずれにせよ、「任那の日本県邑《けんゆう》に住む百済の人々」と述べるように、百済と「任那」(加耶)の領域が区別されていることが重要だ。この段階の国境を考える手がかりになる。

『日本書紀』の意識として旧馬韓地域がどちらに含まれるかは、つぎに述べる「任那四県」の場所を考えるうえで重要な論点となる。

「任那四県」は馬韓か加耶か

さて、五一二年には「任那四県の割譲」の著名な記事がある(『日本書紀』継体紀六年一二月条)。

ヤマト王権の有力豪大伴金村《おおとものかなむら》が、百済からの任那四県割譲要請を受け、これを承認したものだ。このとき大伴金村らが百済から賄賂を受け取ったとの噂が流れたという。のちに新羅が金官《きんかん》を併合するなか、大伴金村は物部尾輿《もののべのおこし》などから任那四県の割譲をしたことを糾弾され失脚する。

四県割譲とは、百済が使者を倭に派遣し請求した「任那国の上哆唎《おこしたり》・下哆唎《あろしたり》・娑陀《さだ》・牟婁《むろ》の四県」である。この記事は「百済本記」に由来する記事ではなく、倭の立場から加耶支配を正当化する記載であり、その年紀も確実ではない。また、実はこの四県の位置もはっきりしていない。

この記述の後には、「己汶《きもん》・帯沙《たさ》」の割譲の話がある。通説では、「任那四県の割譲」はそれより先行する記事のため、己汶・帯沙よりも西方に位置すると考えられてきた。具体的には、栄山江《ヨンサンガン》流域の前方後円墳を考慮し馬韓としていた（末松保和一九五六、田中俊明一九九二、熊谷公男二〇〇五など）。

一方、加耶地域、つまり現慶尚南道《キョンサンナムド》とする説も根強くある（今西龍一九七〇、鈴木英夫二〇一〇、大山誠一一九九九など）。本書では以下に述べる理由から後者の立場を支持する。

まず『日本書紀』が、「任那四県」と記していることであり、旧馬韓地域は百済の領

任那四県の想定図 馬韓説と加耶説

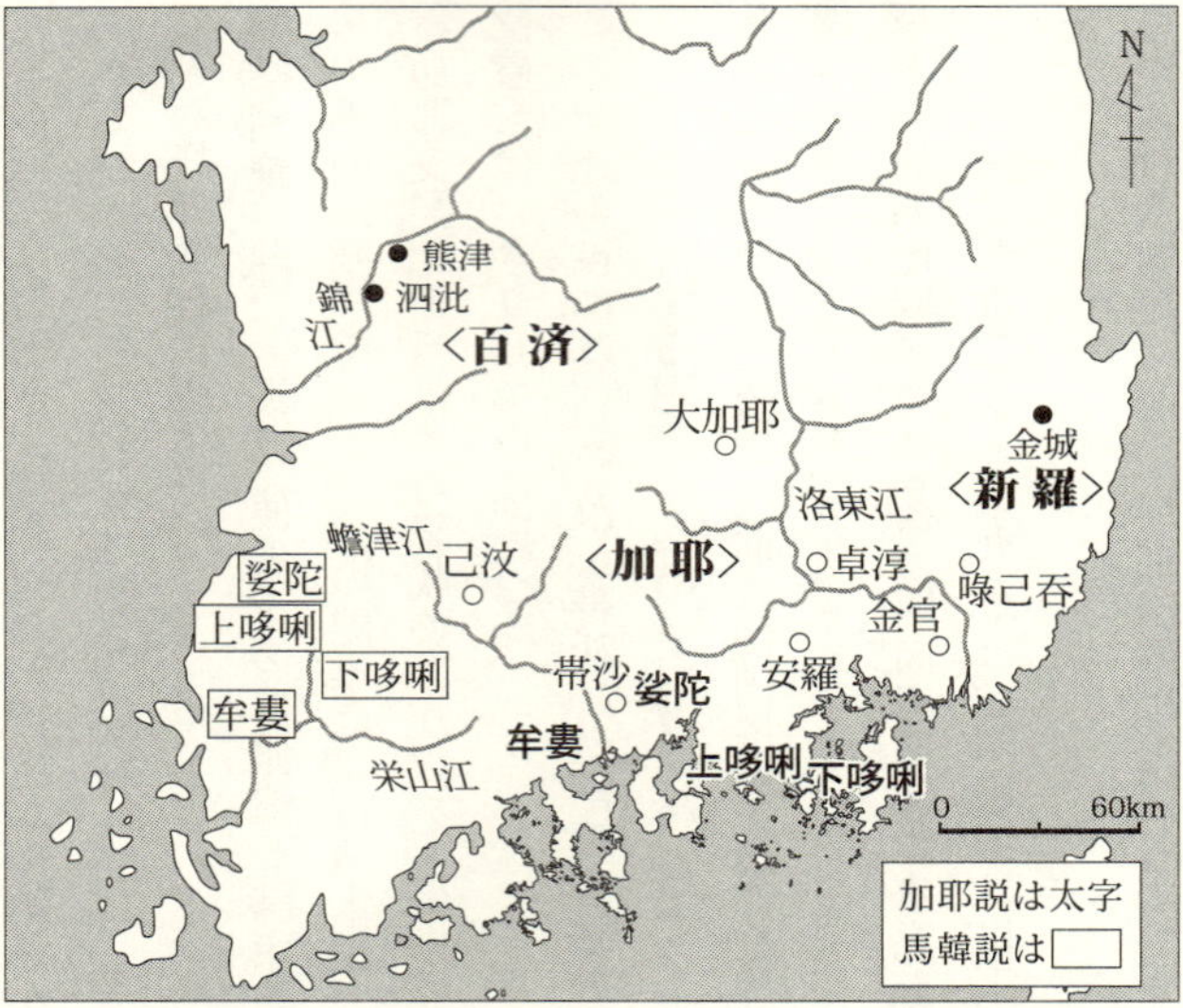

註記：通説では馬韓地域だったが、近年、加耶並びに加耶隣接地域の意見が出ている
出典：田中俊明『古代の日本と加耶』（山川出版社、2009年）を基に筆者作成

土として扱っているからだ。『日本書紀』神功紀五〇年五月条ですでに、「海西の諸韓はすでに、お前の国（百済）に賜《たまわ》った」とし、旧馬韓地域を百済の領土と認識している。旧馬韓地域は百済領、「任那」（加耶）は倭との認識は以後も続く。もちろん、倭が百済の領土を決定できるという認識はあくまで『日本書紀』のものであり、実際はそうではない。

百済は、先述したように自らの実力によって領土を五世紀末に現全羅北道《チョルラブクド》、六世紀前半に現全羅南道《チョルラナムド》へ拡大している。『日本書紀』ではこれについて、倭が「東韓」や「西韓」を賜与《しよ》したと創作している。六世紀初期における百済と加耶の国境は蟾津江《ソムジンガン》付近だったと考えられる。

「割譲」の実態——百済の下韓への進駐

百済はその後、継体天皇の最末期である五三一年までにまず加那諸国に兵を進める。はじめに駐屯したのは安羅《あら》であり（『日本書紀』継体紀二五年一二月庚子《こうし》条所引「百済本記」）、さらに、旧卓淳《とくじゅん》の久礼山《くれさん》にも進出し、新羅との軍事的争奪に発展する。

この百済による「任那」領の通過は、五四一年以降、しばしば下韓（南韓）に郡令・城主を設置しているように軍事占拠化を前提とする。これらの措置について倭は任那を自領と考えていたはずなのに、明確な反対や抗議を記録していない。

おそらく、大伴金村による「任那四県の割譲」とは、百済による下韓（南韓）への郡令・城主の設置を倭が承認したことについて倭の立場で記載したものと言える。「任那四県の割譲」は従来の領有関係を大きく変更する政策であり、ヤマト政権内部で大伴金村は強く非難されるが、そのことも理解できる。

さらに、「任那四県の割譲」、つまり下韓（南韓）地域への百済の進出について『日本書紀』が、のちの「任那」（厳密には金官〈南加羅〉・喙己呑《とくことん》・卓淳《とくじゅん》の三国）滅亡の原因と認識していることが理解できる。

『日本書紀』における「任那四県の割譲」は結局、百済の下韓（南韓）への侵攻以前に、倭から百済へ新たな地域を賜与したとすることで、百済による加耶侵略との辻褄《つじつま》を合わせた記事なのだ。

なお、通説では百済による「己汶《きもん》・帯沙《たさ》」侵攻に際し、儒教経典を教授する五経博士《ごきょうはかせ》（詩・書・礼・易・春秋に通じた儒学者）を倭に派遣し懐柔したとする。この時期に百済は、中国南朝・梁《りょう》（五〇二～五五七）の先進文化を受け入れたため、仏教や儒教についての先進文物を定期的に倭に送っている。

五一三年に倭へ百済から五経博士《ごきょうはかせ》として段楊爾《だんように》が送られ、三年後の五一六年には段楊爾から漢高安茂《あやのこうあんも》へ交替している。さらに五五四年には五経博士王柳貴《おうりゅうき》に代えて固徳《ことく》馬丁安《めちょうあん》が送られている。注目すべきはこのとき僧侶と五経博士が一組で送られていることだ。百済における仏教と儒教の密接な関係を示している。

2　新羅の侵攻、喙己呑・金官・卓淳の併合

百済と大加耶の対倭外交

『日本書紀』は、任那四県の百済への割譲が、伴跛《はへ》（大加耶）や新羅の反発を招いたとする。

百済は「己汶《きもん》・帯沙《たさ》」の領有について、「伴跛《はへ》国（大加耶）、臣《やつこ》が国己汶《きもん》の地を略奪《うば》う」（『日本書紀』継体紀七年六月条）とあるように、そもそも「己汶の地」は百済領とする。一方、「任那」は「此《こ》の津は、官家《みやけ》を置きしより以来、臣が朝貢の津渉《つわたり》とせり」（『日本書紀』継体紀二三年三月是月《このつき》条）と、官家、つまり朝貢の拠点を置いていることから多沙津《たさつ》（帯沙）は加耶領と主張した。

具体的には以下の通りである。

まず五一三年六月、百済は倭に「伴跛《はへ》国」（大加耶）に奪われた百済の己汶《きもん》の地を「本属」に返すことを要請した。倭はこれを受けて斯羅《しら》・安羅《あら》および伴跛から使者を召

集し、その旨を伝えたが、伴跛がこれに抵抗する。伴跛は城を帯沙《たさ》などに築き、のろし台や軍用倉庫を置き、日本に備えたともある（『日本書紀』継体紀八年三月条）。

五二九年三月には、百済王が下哆唎《あろしたり》国守の穂積押山《ほづみのおしやま》臣につぎのように主張している。「加羅の多沙津《たさつ》」（帯沙《たさ》）を百済の朝貢の津路として請い、倭から多沙津（帯沙）を賜った。これに対して「加羅王」が、「この港は官家〔朝貢のための拠点〕を置いて以来、朝貢する港であるのになぜ隣国に賜うのか」と言ったという。

五一三年の記事は「百済本記」を基礎にした伝承であり、五二九年の記事は倭の伝承と考えられる。そのため、これらの記述は同一の史実の重複記事とも考えられていた。だが、近年では己汶《きもん》から帯沙《たさ》への百済侵攻の段階差を示す記事と解釈する説が有力だ（平野邦雄一九八五、田中俊明一九九二）。

五一三年の記事は「伴跛《はへ》国」、五二九年には「加羅国」とあるが、ともに大加耶のことだ。伴跛《はへ》＝加羅＝大加耶が、加耶諸国西方の己汶《きもん》・帯沙《たさ》の帰属問題に介入している。このことは、大加耶系土器の西方への拡散からもうかがえるように、大加耶が加耶諸国の盟主的な地位にあったことがわかる。

五一三年の記事は、百済による当該地域への軍事侵攻に大加耶が抵抗したことを伝えている。己汶《きもん》はこの段階では百済の領土となっていない。

だが結局、百済は五一六年までに己汶《きもん》を領有し、大加耶と新羅との婚姻同盟が成立する五二二年までに帯沙《たさ》を領有する。

新羅と大加耶の婚姻同盟の破綻

『日本書紀』によれば、後日談として大加耶は、己汶《きもん》・帯沙《たさ》の帰属問題で百済や倭と対立したため新羅と結んだとある（継体紀二三年三月是月《このつき》条）。加羅王（大加耶王）は新羅王女を娶る《めと》が、その後、「変服問題」により新羅と仲違いする。大加耶は刀伽《とか》・古跛《こへ》・布那牟羅《ふなむら》の三城、北境の五城を取った。

変服問題とは、新羅の王女に付き従って来た従者一〇〇人を、大加耶の諸県に分散して住まわせ、「新羅の衣冠」を着用させたことに端を発した問題である（武田幸男二〇二〇）。

新羅の衣冠着用は、新羅への臣従・服属を目に見えるかたちで示すことになる。新羅の侵略的な意図をここに感じとった大加耶は容認できず、同盟の解消は当然だった。これにより新羅と大加耶の関係は悪化し断交する。

『日本書紀』は五二九年三月のこととするが、実際の断交は五二四年以降だろう。新羅王が南の境界を巡行し、大加耶王と面会した時期（『三国史記』新羅本紀法興王《ほうこう》一一年九月条）までは、新羅王と大加耶王が親密だったからだ。大加耶はこの後に新羅の諸城を攻めることになる。

百済と新羅の侵攻——倭への救援要請

『日本書紀』継体紀二三年三月是月《このつき》条は、百済による下韓（南韓）への侵攻の最中の五二九年に、倭から安羅《あら》への近江臣毛野《おうみのおみけぬ》の派遣を記す。これは、東方からの新羅侵攻に危機感を懐《いだ》いた安羅の要請による。「任那王」（安羅王か？）が来朝し、新羅がしばしば国境を越えて来侵するので救助して欲しいとの要請があったからとある。

『日本書紀』継体紀二一年六月甲午《こうご》条に、近江臣毛野《おうみのおみけぬ》は、以前から「衆六万」を率いて、新羅が破った金官（南加羅）と喙己呑《とくことん》を復興し「任那」（大加耶や安羅などの残りの加耶諸国）に合併しようと計画していた。だが、筑紫国造《つくしくにのみやつこ》磐井《いわい》の乱により実行できなかったとする。

この五二七年の記事は、金官（南加羅）と喙己呑《とくことん》の復興計画も記している。だが、東方からの新羅による侵攻、具体的には新羅が金官四村を本格的に攻撃するのは、後述するが五二九年の話である。明らかに早すぎる。五二七年の磐井の乱以前からの計画があったことを殊更《ことさら》に加筆したのだろう（三品彰英二〇〇二）。

ただし、金官の最終的滅亡は五三二年だが、すでに五二四年に新羅王が南の境界を巡行し、地境を開拓した記事を重視すれば（『三国史記』新羅本紀法興王一一年九月条）、この時期から新羅による金官侵略は開始されていたと解釈できる（田中俊明一九九二）。

のちに金官（南加羅）や卓淳《とくじゅん》よりも先に、喙己呑《とくことん》が加耶と新羅の「境際」にあり、毎年攻められて敗れたと語られ（『日本書紀』雄略紀《ゆうりゃくき》九年三月、欽明紀《きんめいき》二年四月条）、「任那復興」を主張したのが五四一年から「十余年」前とされ、「数十年のみにあらず」ともされるのは（欽明紀四年一一月甲午条、同二年七月条）、新羅の加耶侵攻開始が古く、金官よりも新羅に接していた喙己呑が早くに攻め破られたことを示している。近江臣毛野《おうみのおみ》の活動は金官が滅亡する直前の時期に行われたことになる。

結局、筑紫国造磐井が新羅と組んで進軍を妨害しようとしたため、近江臣毛野《おうみのおみけぬ》の渡海は五二九年だった。このとき磐井が近江臣毛野に、「かつて同じ器で飯を食った仲間がなぜ命令するか」と詰問したというエピソードがある。古代史のなかでよく知られるが、これも潤色だろう。

五二七年までに喙己呑《とくことん》が滅亡し、五二九年には金官（南加羅）が新羅に攻められ滅亡の危機にあった。先述したように安羅《あら》からの救援要請は、金官・喙己呑《とくことん》の復興であり、近江臣毛野《おうみのおみけぬ》はそのために派遣された。彼の渡海後、安羅の国王と毛野は協議したが、百済はこの会議に参加していない。

近江臣毛野《おうみのおみけぬ》は最前線の熊川から、百済と新羅の王を召喚したが二王は来なかった。新羅は「衆三千」で洛東江東岸の多多羅原《たたらのはら》へ侵攻し駐屯するが、毛野はそれを見て撤退する。この記述からすれば、近江臣毛野《おうみのおみけぬ》が率いたとされる「衆六万」の記載は過大で、三〇〇〇以下の兵力だったろう。近江臣毛野は新羅と対決せずに卓淳《とくじゅん》まで退却し、そこに五二九年から五三〇年にかけて足掛け二年間滞留した。

近江臣毛野《おうみのおみけぬ》は卓淳《とくじゅん》に滞在中、数々の悪政を行い、倭から召喚命令が出された。安羅《あら》王も金官（南加羅）・喙己呑《とくことん》の復興が実現しないことから、毛野を追い出そうとしていた。倭は、安羅《あら》の救援要請に応じながらも、百済と新羅の侵攻に有効な対策を示せなかった。

だが、近江臣毛野《おうみのおみけぬ》に対する悪評の多くは、「任那使」となった調吉士《つきのきし》の報告にもとづき、一方的な評価である。軍事力を前面に出した百済と新羅による非和解的な加耶侵略に、倭が仲介する和議を実現することは、もともと困難だった。近江臣毛野の伝承には、子どもの認知訴訟が多発し、強引に誓湯《うけい》（熱湯に手を入れさせて火傷ができるかどうかで事の正邪を判定すること）を行ったとあり、倭人の移住による倭系と加耶系との二世が多く存在した状況が確認できる。

実のところ、安羅《あら》の要請により倭国から乗り込んだ近江臣毛野《おうみのおみけぬ》と、吉備臣《きびのおみ》ら現地二世と想定される人々の行動とは、異なる政治的立場だった。近江臣毛野は現地の利害と衝突し、毛野に殺害された吉備韓子《きびのからこ》もヤマト王権側ではなく、現地の立場を代弁したものと考えられる。ヤマト王権と倭系加耶人との立場の相違は明瞭であり、ヤマト王権と「日本府」および「日本府」内部の一体性（詳細は一八八頁、４－３のⅠとⅡⅢの関係）も読み取れない。

安羅《あら》は近江臣毛野《おうみのおみけぬ》の撤退後、百済に救援を求めた。五三一年までに百済は安羅に進駐し、新羅と接する久礼山《くれさん》まで進出する。しかし、先述したように、新羅は金官（南加羅）と卓淳《とくじゅん》を影響下に置き、五三二年には金官を、さらに百済軍を追い払い卓淳《とくじゅん》を滅亡させ併合する。

その後、安羅《あら》は百済が下韓（南韓）に郡令・城主を設置する強引な政策を警戒し、新羅に接近していくことになる。

喙己呑・金官・卓淳三国の滅亡事情

先述したように、新羅が加耶地域に進出したのは、五二四年に新羅王が南の境界を巡行してからだ。

『日本書紀』欽明二年四月条に、百済聖明王《せいめい》が三国の滅亡事情を述べている。喙己呑《とくことん》は、加耶と新羅との境目にあり、毎年攻められ敗退を重ねていた。「任那」（大加耶や安羅《あら》などの残りの加耶諸国）が救援できず滅んだ。つぎに金官（南加羅）は狭小で、急には守備を固めることも、頼るところもなく滅ぼされた。最後に卓淳《とくじゅん》は君臣が二つに分かれ、君主自らが新羅に内通し滅んだ。

併記される場合には、国の大小により喙己呑《とくことん》よりも金官（南加羅）が先に記されることが多い。だが、滅亡理由の記載の場合にのみ、喙己呑《とくことん》を冒頭に記す。これは滅亡の順番が金官（南加羅）より早かったことを示すからだろう。注意すべきは、喙己呑が加耶と新羅の「境際」に位置すると記されていることだ。

新羅の加耶侵攻は古くからあり、新羅に接していた喙己呑《とくことん》が金官（南加羅）より早く攻め滅ぼされた。それは金官に先行する五二七年以前の可能性がある。

久礼山での百済・新羅の対峙――五三一年

先述したように百済は、五三一年までに安羅《あら》に進駐した。さらに旧卓淳《とくじゅん》の久礼山《くれさん》まで進出し、それは新羅との直接的な軍事対決に発展する。新羅に対抗した百済の加耶諸国への進出は、倭からの支援を断念した安羅からの要請による。

新羅は、東方からの喙己呑《とくことん》および金官（南加羅）四村への侵攻・併呑と並行し、五三〇年頃には久礼牟羅《くれむら》（久礼山《くれさん》）城を中心とする北境五城の占領を進めていた。卓淳《とくじゅん》の滅亡がこのことと連動する。

倭が派遣していた近江臣毛野《おうみのおみけぬ》は五三〇年に帰国したが、卓淳《とくじゅん》の久斯牟羅《くしむら》（己叱己利《こしのこり》城）を拠点に二年近く、百済や新羅と戦い、帰還時には久礼山《くれさん》城を築いたと伝える。百済と新羅が共同して近江臣毛野と戦った話は信頼しにくいが、当時、久礼山城が百済と新羅の係争地だったことは間違いない。久礼山城は、洛東江《ナクトンガン》北岸に位置する旧慶尚北《キョンサンボク》道達城郡《ドタルソン》玄風《ヒョンプン》西の包山《ポサン》に比定される（鮎貝房之進一九七二）。

また、『日本書紀』（欽明紀五年三月条・一一月条）によれば、新羅と安羅《あら》の境界には、洛東江《ナクトンガン》と想定される大きな川があり、この川を挟んで両国は対峙していた。新羅は洛東江の北岸久礼山《くれさん》城を中心に「北境」の五城を占領し、それと対峙するように百済が六城を南岸に築こうとしていた。

金官の滅亡――五三二年

新羅は金官に対して、五二九年に三〇〇〇の兵で洛東江《ナクトンガン》東岸の多多羅原《たたらのはら》へ侵攻し、金官の主要な村落である四村を攻め壊滅させた。

新羅は最終的には金官を滅ぼすが、それは王と一族が投降する三年後の五三二年である（木村誠一九七八、田中俊明一九九二）。『三国史記』には以下のような記事がある。

金官の国主である金仇亥《きんきゅうがい》が、妃および三人の子、長男の奴宗《どそう》・次男の武徳《ぶとく》・末子の武力《ぶりき》とともに、国の財産と宝物を携えて新羅に帰服した。新羅の法興《ほうこう》王は礼をもってこれを遇して上等の位を授け、本国を封地として与えた。子の武力は新羅に仕えて角干《かくかん》にまで昇進した。

（『三国史記』新羅本紀法興王一九年条）

新羅・百済による加耶侵攻図

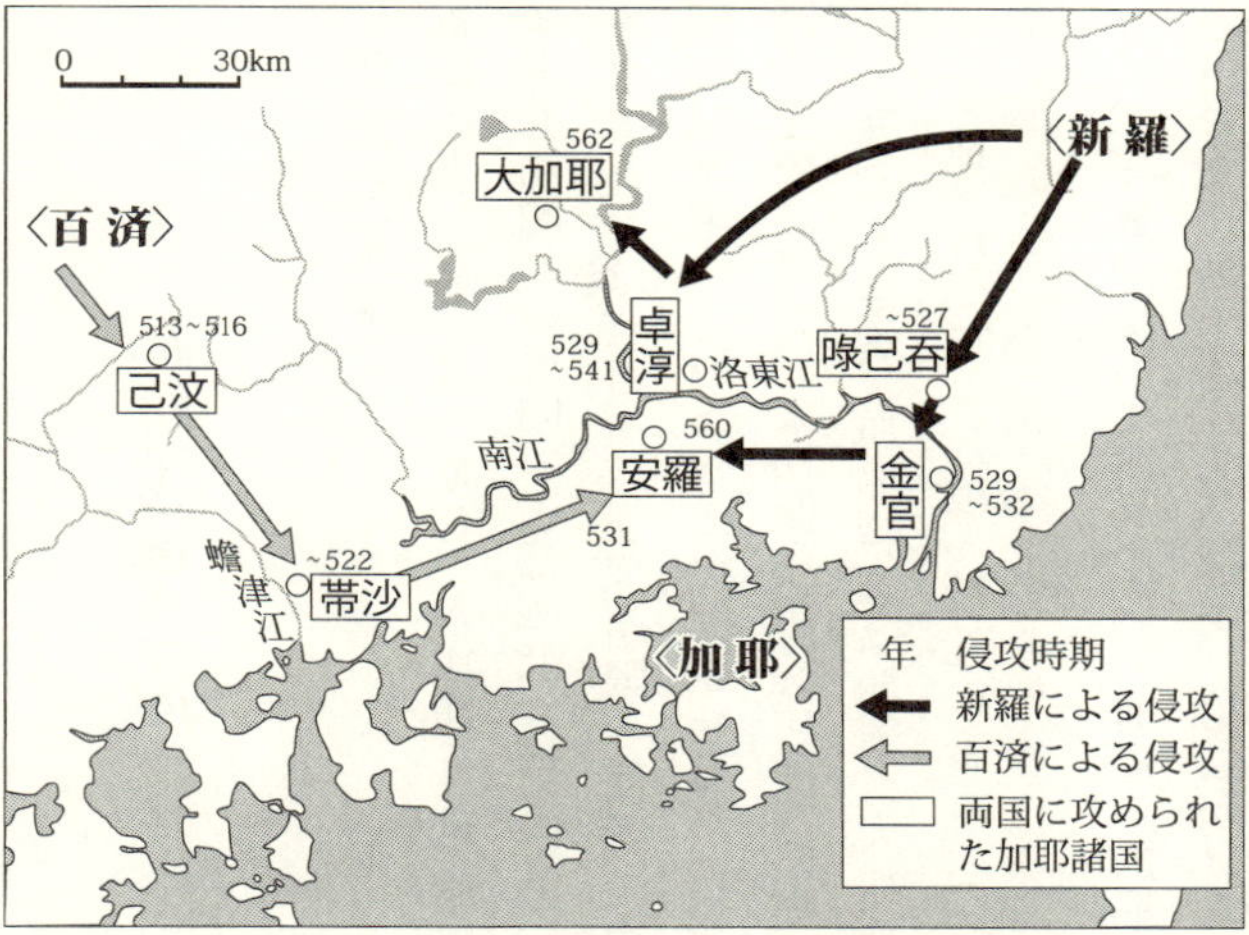

出典：田中俊明『古代の日本と加耶』（山川出版社、2009年）を基に筆者作成

終章に詳述するが、金仇亥《きんきゅうがい》＝仇衡王《きゅうこうおう》の一族は新羅の首都金城《きんじょう》に移り住んで領地を与えられ、貴族として扱われた。この措置は異例の厚遇である。金仇亥の曽孫金庾信《きんゆしん》は、新羅の半島統一に将軍として活躍した。金官の王族金氏は、新羅王家の慶州金氏と区別するために金官金氏（のちに金海金氏）と呼ばれた。

結局、百済は対高句麗戦を口実に五四一年に新羅と和議を結んだ。その一方で、残った加耶諸国に呼びかけ、いわゆる「任那復興会議」が開催される。

3　任那復興会議——百済の招集と加耶諸国の思惑

加耶諸国の実情

新羅による喙己呑《とくことん》・金官（南加羅）・卓淳《とくじゅん》の三国の滅亡・併合後、百済聖明王《せいめいおう》は五四一年と五四四年の二回、王都泗沘《しひ》（扶余《ふよ》）で、いわゆる「任那復興会議」を開催した。集まったのは、百済、加耶諸国の使者、そして「任那日本府」（倭系加耶人）である。議題は三ヵ国をどのように復興させるかだった。なお、「任那復興会議」の名称は史料での表記ではない。末松保和が『任那興亡史』で用いた名称である。

三ヵ国の滅亡後、加耶諸国は加羅（大加耶）・安羅《あら》・斯二岐《しにき》・多羅《たら》・卒麻《そちま》・古嵯《こさ》（久嵯）・子他《こた》・散半下《さんはんげ》・乞飡《こちさん》・稔礼《にむれ》の合計一〇ヵ国だった（『日本書紀』欽明紀二三年正月条）。

以下、会議について述べていく前に、加耶諸国の参加者を通し、当時の加耶についてみていこう。第一回は七ヵ国が、第二回は八ヵ国が出席している。二つの任那復興会議

4－2　「任那復興会議」の出席者

国　名	第1回（541年）	第2回（544年）
安羅	次旱岐の夷呑奚・大不孫・久取柔利	下旱岐の大不孫・久取柔利
加羅	上首位の古殿奚	上首位の古殿奚
卒麻	旱岐	君
散半下	旱岐の児	君の児
多羅	下旱岐の夷他	二首位の訖乾智
斯二岐	旱岐の児	君
子他	旱岐	旱岐
古嵯		旱岐

の参加者は4－2の通りである。

加耶諸国の出席者には、「旱岐《かんき》」（旱岐・次〈下〉旱岐・旱岐児）と、「首位《しゅい》」（上首位・二首位）の二つの称号の系列があった。

旱岐《かんき》は首長の称号である。君《きし》とも互換性がある。斯二岐《しにき》・卒麻《そちま》・散半下《さんはんげ》の三国の場合、第二回目には、君に変わっている。復興会議の内容が「百済本記」を基礎とした百済系史料であることからすれば、諸国の代表者の称号として、百済で王族や貴族に用いられた「君《きし》（吉士）」の名称が準用されたのだろう。この時期、百済による郡令・城主設置による直接的支配がこれら三国に及び、自生的な旱岐《かんき》から百済的な君号へ称号が変化したことが考えられる。

また「旱岐《かんき》の児」からは、加耶諸国では父子継承が行われ、王族的な血統が確立していたことがわかる。とりわけ斯二岐《しにき》の場合、「旱岐の児」から「君《きし》」への変化が同一人物とすれば、父子間での地位継承が行われていた。なお、安羅《あら》における第一回目の「次旱岐」と第二回目の「下旱岐」は同一人物であり、両者は同一地位の異表記である。

首位《しゅい》は、旱岐《かんき》との関係が問題となる。たとえば加羅（大加耶）と安羅《あら》に国王がいたことは明らかなので、旱岐とは異なる立場だったことはまちがいない。官位的な「上」と「二」が付されているので、血統的な旱岐とは異なり、王に直属する官僚的な人物との評価が支持される（李鎔賢一九九八）。

首位は、加羅（大加耶）と多羅《たら》のみであり、上首位が二回とも会議に出席しているのは加羅のみである。加羅（大加耶）は、四七九年に中国王朝から冊封されているように、王による統合が最も進み、王の側近的な人物が派遣されたと考えられる。

さて、加耶諸国内で王の超越性が弱かったとすれば、意見調整が国論を定める場合には必要となる。「任那復興会議」そのものは、あくまでも百済主導の臨時の会議である。その前提には安羅《あら》の「国主」と「国内大人」による諸国内レベルの合議（『日本書紀』継体紀二三年三月条）、さらには加羅（大加耶）と安羅の王を中心とする諸国会議があり、「日本府大臣」（倭から派遣された使者）を含めて最終的な意思決定機関として存在した

（『日本書紀』欽明紀五年一一月条）。

このように国内会議と諸国同盟的な会議が、「任那復興会議」の背景には存在したと考えられる（佐藤長門一九九七）。

五四一年の第一回会議開催

すでに述べたように近江臣毛野《おうみのおみけぬ》の失政により、五三一年に安羅《あら》は倭主導の「任那復興」策を放棄し、加耶南部の南韓（下韓）に進駐してきた百済との連携に転換していた。これ以降、倭は近江臣毛野の派遣のような直接介入を控え、北九州の那津官家《なのつのみやけ》を拠点とする軍事的圧力による外交に転換していた。

百済は新羅との講和を進め、国境の現状維持をはかり、加耶諸国への影響力を強めるために、倭の代わりに「任那復興」の会議を招集していた。他方で、安羅《あら》を中心に活動する「任那日本府」（「在安羅諸倭臣《ざいあらしょわしん》」とも表記）らは、独立を維持するために新羅や高句麗とも交渉していた。

五四一年三月、百済聖明王《せいめいおう》は新羅真興王《しんこうおう》に講和を呼びかけ、高句麗に対する共闘が実現する。この講和は、五四八年までは機能し、加耶諸国の外交折衝も活発化する。

第一回「任那復興会議」が百済の王都扶余《ふよ》で行われたのは、その一ヵ月後、新羅との緊張緩和のなかでだった。加耶諸国の参加は先述の通りである。また、任那日本府（倭系加耶人）の吉備臣《きびのおみ》も招集されている（『日本書紀』欽明紀二年四月条）。任那日本府にも事前に根回しをするなど、新羅との講和を前提とした百済による周到な外交戦略だった。

百済は会議で、四世紀半ば近肖古《きんしょうこ》王以来の加耶諸国との歴史的関係を強調し、加耶諸国に団結を呼びかけた。百済聖明《せいめい》王は喙己呑《とくことん》・金官（南加羅）・卓淳《とくじゅん》の三国が新羅により滅亡したのは、新羅が強いのではなく、三ヵ国に弱点があったからで、諸国が団結すれば「任那」（滅亡した三国）は必ず復興すると力説した。もし新羅による侵攻があれば百済が救援することも約束した。加耶諸国の代表たちは、百済から贈り物をもらい喜んで帰国する。百済にとってこの会議は、とりわけ安羅《あら》を百済側に引き留めておくためのものだった。

ところが、この後に百済は「任那の執事」（安羅《あら》の旱岐《かんき》層の役人）と任那日本府（倭系加耶人）が新羅と内通していることを知る。百済は新羅と内通し離反しようとする「安羅日本府」（安羅在住の倭系加耶人）の河内直《かわちのあたい》を強く責めた。新羅の甘言は任那（大加耶や安羅などの残りの加耶諸国）を攻めるまでの偽装であり、だまされるなと説いたという。

安羅《あら》が新羅に関係を求めたのは、百済による強引な南韓（下韓）への郡令・城主設置への反発であり、新羅の融和政策に独立維持を望む安羅と任那日本府（倭系加耶人）が対応したものと考えられる。

他方で、百済は五四二年と五四三年に、倭に使者を派遣し「下韓任那の政」（下韓への郡令・城主設置）を説明して理解を求めた。このとき、百済は中国南朝梁《りょう》を経由した先進文物として「扶南《ふなん》」（インドシナ半島南部）の財物を贈り、倭を懐柔しようとしている。

倭はこれに対して、南韓（下韓）への郡令・城主の設置は「日本府」（倭系加耶人）の指揮に任せることを指示し、百済の安羅《あら》進駐には難色を示したが、安羅の新羅との内通は問題としなかった。

百済聖明王《せいめいおう》は重臣と議論し、郡令・城主設置については撤廃しないこと、「安羅日本府」の河内直《かわちのあたい》・移那斯《えなし》・麻都《まつ》らの本国（大加耶か？）への退去を求めることを決定し、第二回目の「任那復興会議」開催を呼びかける（『日本書紀』欽明紀四年一二月条）。以下、『日本書紀』の記述から第二回の会議内容を見ていこう。

五四四年の第二回開催

第二回の議題の一つは、百済による南韓（下韓）への郡令・城主の設置だった。百済は、三ヵ国の復興には新羅と対決する百済の軍事力が必要であり、残された加耶諸国へ百済の軍事力を引き込むことが新羅への抑止力として必要だと説いた。

当初、百済の呼びかけに、「任那」、つまりは大加耶や安羅《あら》などの残りの加耶諸国の旱岐《かんき》らの参加意欲は低かった。百済による三度の呼びかけにも、正月や祭りの時期などを口実に、加耶諸国の足並みは揃わなかったという。

百済は彼らを説得するため、個別に交渉して根回しを行った。

倭には、先祖以来、悪事を働き、新羅と内通する「日本府官人」（府＝役所に属する役人という『日本書紀』の潤色的表現）らの退去を要求し、加耶諸国には、倭の軍隊の食料を百済が負担するなどの案を提示している。それに対して加耶諸国は、参加できない理由を安羅在住の倭系加耶人である移那斯《えなし》・麻都《まつ》らが妨害したと説明している。

呼びかけから一年を経て五四四年一一月、ようやく第二回目の「任那復興会議」が開催された。参加国は、百済、前回の七ヵ国、加羅、安羅《あら》、斯二岐《しにき》、多羅《たら》、卒麻《そちま》、子他《こた》、散半下《さんはんげ》に久嵯《くさ》を加えた八ヵ国、そして「任那日本府」（倭系加耶人）だった（『日本書紀』欽明紀五年一一月条)。

会議で百済は、加耶諸国の親新羅的な動きに対して三つ策を提示する。

第一は、倭に三〇〇〇の兵を請い、食料を百済が負担し六城に分置し、新羅が奪取した久礼山《くれさん》城を奪回し、卓淳《とくじゅん》を復興する。

第二は、南韓(下韓)への郡令・城主設置は、加耶の防衛に必要であり維持する。

第三は、「安羅《あら》日本府」の河内直《かわちのあたい》・移那斯《えなし》・麻都《まつ》らの本国(大加耶か?)への退去を求めることだった。

さらに、百済は加耶諸国と倭へ使者を共同派遣し、承認を求めることを提案している。百済は、親新羅の「日本府執事」(倭系加耶人官僚)を排除し、倭軍も百済の指揮権のもとに編入し、軍事的に新羅を排除しようとする主張だった。

出席者らは三策に賛成と述べながら、百済に全権委任をせず帰国し、「日本大臣」(倭国から派遣された使者)や安羅《あら》王・加羅王の了解を得る必要があるとして判断を保留した。

結局、加耶諸国との共同の使者派遣は実現せず、百済は翌五四五年五月に単独で使者を倭に派遣する。倭は百済の求めに対して、三〇〇〇の兵士派遣の代わりに、良馬七〇四、船一〇隻を与える。九月には加耶諸国と「日本府臣」(日本府の倭王臣下である役人という『日本書紀』の潤色）に、「呉財《くれのたから》」（中国南朝梁からの先進文物）を贈り、百済への支持を求めている。

結局、百済の加耶侵略という野望に気づき、親新羅の立場が強い加耶諸国は積極的には百済の三策を支持しなかった。

境界地域の安定を維持するため倭も新羅との外交交渉を重視した。任那執事（加耶諸国の旱岐《かんき》層が任じられた役人）と「日本府臣」（日本府の倭王臣下である役人という『日本書紀』の潤色）は新羅で天皇の勅を聞けとの指示さえしている。そのため出兵には消極的で、百済の南韓（下韓）への郡令・城主設置と「日本府執事」（倭系加耶人官僚）の退去にも反対した。

「任那復興」をめぐる方策は、新羅との融和的関係から、現状を維持したい倭と加耶諸国、軍事的強硬策を主張する百済とで立場が異なっていた。

4 加耶の消滅——「任那日本府」とは何だったか

「任那日本府」の実態

「任那復興会議」前後には、ここまで記してきたように、倭人系の活動組織として『日本書紀』に「任那日本府」という表記がある。

「任那日本府」は朝鮮半島南部における領域支配の拠点だったという近年までの通説は現在、明確に否定されている。それはあくまで『日本書紀』の構想だ。第3章4節以降、「任那日本府」については、特に任那王（安羅《あら》王）の配下に位置付けられた倭系加耶人と説明してきた。より細かく見るとその実態は、現在では三つの説が有力だ（仁藤敦史二〇一三）。

①ヤマト王権からの外交・軍事派遣官説
②倭系の在地豪族集団説
③上記二つの要素の折衷説

いずれも加耶諸国の独立性・主体性を認めているが、多様な見解があり必ずしも通説と呼べるものにはなっていない。

現在、「安羅《あら》日本府」「在安羅諸倭臣《ざいあらしょわしん》」（『日本書紀』欽明紀二年七月条・同一五年一二月条）といった表記は、安羅に所在した「倭臣」と考えられている。この『日本書紀』の元は百済系史料による。つまり、「在安羅諸倭臣」と表記し「倭臣」を強調するのは、ヤマト王権への臣従関係から、親新羅の彼らが離反しないことを百済が期待したからだ。必ずしも当時の倭臣たちの立場を正確に示してはいない。

第3章で述べたように、五世紀後半の雄略《ゆうりゃく》天皇以降、加耶諸国には倭系加耶人が多く居住していた。本来は、「倭臣」でありながら、ヤマト王権とは独立した存在として、加耶諸国の独立を維持する活動をしていた。つまり、新羅・百済の侵攻を排除し、加耶諸国の独立を維持しようとする。それはのちの「任那日本府」の活動に連続する。

六世紀前半を記す『日本書紀』欽明紀では、第3章で述べたが、「百済本記」に、「安《あ》羅《ら》を父とし、日本府を本とする」（『日本書紀』欽明紀五年三月条）という記述がある。『日本書紀』では、「府」に「ミコトモチ」の訓が付される。たとえば「日本府印岐《いき》弥《み》」について「任那に在《はべ》りし日本の臣の名を謂《い》うなり」と注釈しているように（『日本書紀』欽明紀五年一一月条）、「府」の原義は「臣」である。外交的・軍事的な意味はなかった（鈴木英夫二〇〇六）。簡明に言えば「日本府」とは「倭臣」である。

実際、百済は「日本府」を「倭臣」と位置付け、倭が自由に動かせると考えた。だが、倭は「日本府」へ直接命令を出したことはない。「日本府」は倭から独立した存在である。ここからは、「任那日本府」とは第3章で記したように、百済の立場から見た任那（加耶諸国）の配下にいた倭系の人々の総称、つまり倭系加耶人といえる。

「日本府」は、倭からの命令を直接受けることはなく、百済や加耶諸国と一体で活動する。したがって、倭と「日本府」の間には、直接の臣従関係を確認できない。「日本府」が、倭による統制下にあるように記すのは、「百済本記」の記載の、あくまで百済の認識だ。このことは、「日本府」が機構としての実態がないにもかかわらず、記載され続けていることとも関係する。

「任那日本府」の構成とは

「任那日本府」とは、先述したように①ヤマト王権からの外交・軍事派遣官説、②倭系の在地豪族集団説、③二つの要素の折衷説が有力である。実は各説は、彼らのどの階層を強調するかによる。『日本書紀』が描く「任那日本府」像は、③二つの要素の折衷説が妥当だが、その中心はあくまで五世紀後半の雄略天皇以来の②にあたる倭系の在地豪族集団である。

私見だが『日本書紀』に見える「任那日本府」の構成員は、4－3の三つの異なるグループに分けられる。

4－3　「任那日本府」の構成員

I	派遣使者倭臣の系譜（卿・大臣） 近江毛野臣（529~530）→印支弥《いきみ》（532） →許勢臣（541以後）→的臣（553以前）
II	「在安羅諸倭臣」（執事） 吉備臣（弟君）／河内直
III	在地系 阿賢移那斯／佐魯麻都

Iは、「卿」「大臣」と表記される派遣使者の倭臣たちだ。「日本府卿」は六世紀前半の二十数年間に四代が確認できる。①の倭からの臨時の使者、あるいは軍事外交使節として位置付ける考えは、この階層を重視している。

たとえば、近江臣毛野《おうみのおみけぬ》である。先述したように彼は五二九年に安羅《あら》へ派遣され、重要な会議を安羅王と行っている。のちにこの事実について百済聖明《せいめい》王は、「加羅〔大加耶〕に赴いて、任那日本府と会して相盟する」と回想する。ここで近江臣毛野は「任那日本府」として扱われている。また、印支弥《いきみ》も同様である。彼は新羅が旧卓淳《とくじゅん》の久礼山《くれさん》へ進出した五三二年以降に「日本府」とされ、百済に敵対的だった。

IIは、「在安羅諸倭臣《ざいあらしょわしん》」あるいは「執事」と表記された人々だ。

吉備臣《きびのおみ》（弟君《おときみ》）や河内直《かわちのあたい》が代表である。彼らは五世紀代に加耶地域に渡来し定住した氏族だ。吉備臣は加耶を拠点に新羅と通じ、葛城氏とも婚姻関係があった。加耶での長期的な居住が想定される。五世紀後半に吉備臣は、反新羅の雄略天皇と異なる立場をとる。百済の侵攻を排除し加耶の独立を維持する在地の動向と連動し、新羅とは融和的な立場を取った。

Ⅲは、金官（南加羅）や大加耶（加羅）などの在地系の人々だ。身分は低いが「日本執事」らと交渉があり、「日本府」における政治活動を主導したとされる阿賢移那斯《あけえなし》・佐魯麻都《さろまつ》を典型とする。

「安羅日本府」の場合

この三つの階層は、百済の加耶侵攻に対して敵対的だった点で、共通する。

百済の加耶侵攻に対抗し、「安羅《あら》日本府」＝「在安羅諸倭臣《ざいあらしょわしん》」らは、親新羅・高句麗の立場をとった。「安羅日本府」で新羅と内通したのは、河内直《かわちのあたい》とともに阿賢移那斯《あけえなし》・佐魯麻都《さろまつ》ら倭と、在地との間に生まれた「韓腹《かんぷく》」を中心とする人々である。彼らの基本的立場は加耶の独立であり、高句麗や新羅、倭を引き込んで百済の侵攻に対して抵抗した。

「安羅《あら》日本府」の構成は多様であり、先の三つの階層の一つに限定できない。ただし、倭から派遣されたことが明瞭な事例は、近江臣毛野《おうみのおみけぬ》以外はない。①ヤマト王権からの外交・軍事派遣官説の要素は薄い。

ここでの「日本府」は、少なくともヤマト王権の外交の影響下にない。倭臣および加耶諸国の独自な判断による活動である。現地倭系集団のまとまりを、ヤマト王権が使者を派遣することにより短期間、外交的に利用しようと試みたのが実態に近い。「日本府」は、恒常的な外交機関とはいえないのだ。

結局、ヤマト王権や百済王の意思とは異なる立場で、加耶諸国と倭臣や倭系人たちは、新羅や高句麗との有和的政策を追求する。当時、倭臣あるいは倭系加耶人、倭系百済官人など多様な人々が活動していたと考えられるが、その帰属意識や政治的立場は多様であり、必ずしも近代的な国籍の概念には馴染まないものだった。

高句麗との抗争――五四八年

二度にわたる「任那復興会議」の開催によっても、百済と加耶諸国および倭との政策の擦り合わせはうまくいかなかった。百済は高句麗の南下が脅威となりつつあり、出兵を控えていた倭も百済支援を実行することになる。

五四八年に独山《どくさん》城の戦いが起こる。新羅・高句麗・百済が関係した戦闘だったため、珍しく『三国史記』のそれぞれの本紀に記載がある（新羅本紀真興《しんこう》王九年二月条、高句麗本紀陽原《ようげん》王四年正月条、百済本紀聖《せい》王二六年正月条）。

高句麗陽原《ようげん》王が兵六〇〇〇とともに漢北の独山《どくさん》城を攻めた。百済は新羅に救援を頼み、新羅は三〇〇〇の兵で、独山城下で高句麗と戦ってこれを破る。五四一年以来の新羅と百済の同盟関係により、高句麗を退けることに成功する。独山城は百済首都・扶余《ふよ》の北方と推定され、現忠清南《チュンチョンナム》道《ド》礼山郡《イェサングン》の礼山が有力視されている。

独山《どくさん》城の戦については、『日本書紀』には以下のような話がある。

五四八年四月、倭へ向かった百済使が、捕虜となっていた高句麗兵の言として次のように伝えたという。安羅《あら》と「日本府」が高句麗を招き入れた。再三催促しても安羅と「日本府」の兵は百済の救援に赴かなかった。阿賢移那斯《あけえなし》・佐魯麻都《さろまつ》らは高句麗の武力により、安羅から百済を退けようとしている。

このときに倭は、安羅《あら》の兵が逃亡して空白となっている高句麗との前線に、若干の兵を必ず派遣すると百済に約束している（『日本書紀』欽明紀九年正月乙未《いつび》条・同四月条）。新羅の加耶侵攻には派兵しなかった倭も、高句麗の南下には即座に対応した。

しかし百済は、安羅《あら》と「日本府」が百済に協力しなかったため、倭軍の高句麗への内応を恐れ、援軍派遣の一時保留を要請する。百済が軍派遣の保留を要請したのは、安羅と「日本府」が倭軍の指揮権を握っていたからだった。

百済王指揮下の筑紫倭軍

五四八年以後、百済と倭は、しばしば高句麗の脅威を論じ、新羅との同盟を警戒するようになる。五五一年には、百済は新羅・任那（大加耶や安羅などの残りの加耶諸国）の兵とともに高句麗を征討したとある（『日本書紀』欽明紀一二年是歳条）。ここに新羅・任那を百済が指揮するという、百済にとっては理想的な軍事体制が一時的に実現した。

安羅《あら》で高句麗・新羅と内通していた阿賢移那斯《あけえなし》・佐魯麻都《さろまつ》の失脚後、安羅や「倭臣」らは親百済の立場に転換し、百済とともに高句麗と戦う姿勢を見せていた。安羅にいた「倭臣」の記事は五五四年に見えるが、『日本書紀』の記事には、すでに抵抗勢力としての「日本府」とは表記されていない。「日本府臣」表記は五五二年までである。ここに立場の変化を読み取ることができる。

その五五二年に百済は、新羅・任那（大加耶や安羅などの残りの加耶諸国）を率いて高句麗を征討し、旧領の漢城《かんじょう》を回復し、平壌まで征討して旧六郡の地を回復する。しかし、百済は漢城と平壌を長くは維持することができなかった。今度は高句麗と新羅が、百済と任那を滅亡させようとしたからだ。百済聖明《せいめい》王と安羅《あら》王・加羅王（大加耶王）は倭国に援軍を要請する（『日本書紀』欽明紀一三年五月乙亥《いつがい》条）。百済は、新羅との同盟関係が破綻したことにより、倭との関係がより重要となっていた。

倭軍出兵の実現のために、百済はあらためて倭に仏像・経典を送り、五経博士を交替させるなどの懐柔策を行っている。倭軍の衣服や食料についても、百済が支援することを約束した。

こうした懐柔の成果もあり倭の出兵が実現する。五五四年六月、「助軍の数一千・馬一百匹・船四十隻」が百済に到着し、「助軍一千」は新羅戦に投入された。物部《もののべの》莫哥武《まかむ》が指揮する函山《かんざん》城攻撃で筑紫物部《つくしのもののべの》莫奇委沙奇《まかわさか》が活躍（『日本書紀』欽明紀一五年一二月条）、「筑紫国造」が包囲された百済王を助けたともある。欽明天皇が許可し、倭軍は百済聖明《せいめい》王の指揮下に組み込まれたことになる。

五五四年、この百済聖明王《せいめい》が敗死する戦いでは、「加良《から》」（大加耶か？）も参戦していた（『三国史記』新羅本紀真興王《しんこう》一五年七月条）。「筑紫物部」や「筑紫国造」が援軍に含まれ、百済聖明王は「竹斯《つくし》島上《じまのほとり》の諸軍士」を援軍として派遣することを希望しているように（『日本書紀』欽明紀一五年一二月条）、五二七年の磐井の乱後に整備された「那津官《なのつのみや》家《け》」を出撃拠点に筑紫の兵士が集められていたらしい。

磐井の乱を画期として、すでに五三七年に始まる大伴《おおとも》狭《さ》手《で》彦《ひこ》による出兵は、ヤマト王権の有力豪族が筑紫の兵を率いる新たな形態であり（『日本書紀』宣化《せんか》紀二年一〇月条、欽明紀二三年八月条、「肥前国風土記」松浦《まつら》郡鏡渡《かがみのわたり》条）、以後の出兵の前提となる編成となっていた。

「任那滅亡」＝新羅による加耶諸国の併合――五六二年

新羅が百済との講和を無視し、独自な動きをとるようになったのは五五〇年以降である。

五五〇年に高句麗・百済の兵が疲弊しているのを突き、新羅は二つの城を奪っている。五五一年に新羅は、百済とともに高句麗を攻め竹嶺《ちくれい》以北の一〇郡を奪った（『三国史記』

新羅本紀真興王一二年三月条・居柒夫《きょしつふ》伝）。新羅は百済の王女を娶《めと》っていることからもわかるように、現実には百済との協力関係を重視しており高句麗と新羅は内応してはいない。だが百済は五五二年以後、高句麗の脅威を論じ、新羅との関係を警戒するようになる。

五五二年に新羅は百済北方の漢城を占拠し、翌五五三年に新州を設置した。これにより高句麗と百済の境界地帯に進出し、朝鮮半島の西海岸まで新羅の領土が拡大したことになる。五五四年には百済が「加耶」とともに函山《かんざん》城を攻撃し百済聖明《せいめい》王が敗死したのは先に触れた。百済の弱体化に乗じて、新羅は後ろ盾を失った大加耶への侵攻を試みていく。

大加耶の滅亡については、『三国史記』に次のような簡潔な記載がある。

加耶が叛《そむ》いた。王〔新羅真興《しんこう》王〕は異斯夫《いしふ》に命じて討たせた。斯多含《したがん》が副官として補佐した。斯多含が五〇〇〇騎を率いて先に馳せ、梅檀門《せんだんもん》に入り白旗を立てた。城中は恐懼《きょうく》し、なすすべがなかった。異斯夫も兵を率いて臨むと、一時にみな降伏した。

（『三国史記』新羅本紀真興王二三年九月条）

大加耶の王宮での戦闘記載のみだが大勢が決した。残りの加耶諸国も降伏したらしい。

一方『日本書紀』は、新羅が五六二年に「任那」の官家《みやけ》（『日本書紀』が考えた支配の拠点）を滅ぼしたとある。「総《すべ》ては任那と言う」として、「別《わき》ては加羅国〔大加耶〕・安羅《あら》国・斯二岐《しにき》国・多羅《たら》国・卒麻《そちま》国・古嵯《こさ》国・子他《こた》国・散半下《さんはんげ》国・乞飡《こちさん》国・稔礼《にむれ》国と言い、合わせて十国なり」と一〇ヵ国の名称を列記する（『日本書紀』欽明紀二三年正月条・同所引一本云）。

他方、『日本書紀』は別伝で、五六〇年に「任那」が滅んだとの説も引く。前年（五五九年か）の記載には新羅が「阿羅《あら》〔安羅〕の波斯山《はしざん》」に城を築き「日本」に備えたとある。さらに、任那滅亡時の倭軍出陣地が「哆唎《たり》」（昌原郡熊川《チャンウォングンウンチョン》）や「居曽山《こそむれ》」（咸安《ハマン》郡末山里《グンマルサンニ》か？）とある。この哆唎という地名に関係して「久麻那利《くまなり》は、任那国の下哆唎《あろしたり》県の別邑《べつゆう》なり」（『日本書紀』雄略紀二一年三月条所引日本旧記）とある。

つまり、久麻那利《くまなり》は、加耶諸国の内部と考えることができる。この記述を前提とすれば、「任那四県」にみえる「上哆唎《おこしたり》・下哆唎《あろしたり》」とある「哆唎《たり》」と久麻那利《くまなり》（熊川）は隣接していることになる。

こうした点を重視すれば、『日本書紀』別伝の記載は大加耶ではなく倭と関係が深かった安羅《あら》の滅亡記事と考えられる。

すでに安羅《あら》が滅亡していたとすれば、残る有力国だった大加耶の滅亡により、先の『三国史記』が記すように新羅への抵抗が終結したと理解できる。

第5章

滅亡後――倭の揺れる「任那」認識

五六二年、加耶《かや》諸国の中心、大加耶《だいかや》は新羅《しらぎ》に併合されて加耶は滅亡する。だが、その後も倭は、新羅と百済《くだら》に、「任那《みまな》」に対する要求を続けた。それにはどういった意味があったのだろうか。

1　なぜ倭は百済・新羅に「調」を要求し続けたか

「任那復興」の詔の内実

『日本書紀』は、五六二年に加耶諸国が滅んだ後も、「任那」に関連した記述がある。たとえば、五七五年に敏達《びだつ》天皇は「任那復興」の詔《みことのり》を出している。

百済は使者を派遣して朝貢した。調《ちょう》は例年より多かった。天皇は、新羅がまだ任那を再建しないので、皇子と大臣に詔して、任那のことを怠《おこた》ってはいけないと仰せられた。

（『日本書紀』敏達紀四年二月乙丑《いっちゅう》条）

ここでの調《ちょう》とは「任那の調」だ（第2章参照）。『日本書紀』によれば、五二九年に新羅が金官《きんかん》四村を占拠後、倭は新羅に「任那の調」を要求する。

「調」とは、「ミツキ」とも読み、倭王への服属の証《あかし》として貢納された「任那」（新羅に対しては不法占拠したとされた金官四村〈邑《ゆう》〉）の特産品と考えられる。ただし、その具体的な内容は明記されていない。金官の特産品である鉄製品などだったろう。しかし、新羅は遣使のたびに倭の要求通りに貢納したわけではない。外交で不利な状況下のときにしか対応していなかった。

この詔では、倭は例年よりも多い百済の調のなかに、「任那の調」が含まれていると認識している。五六二年の加耶滅亡後は、百済にも「任那の調」（この場合の任那は安羅《あら》や大加耶を中心とする地域）を要求していたことになる。倭の認識では百済に「任那の属賜《ぞくし》」（倭が百済に安羅《あら》や大加耶の支配権を承認したこと）に対応した調を要求していたようだ。

また、新羅が任那（金官四村）を「封建」しないことを問題視している。つまり、倭が新羅に任那の土地や人民を支配することを認めたのに対し、その見返りとして新羅が貢納物を出さないことを問題だとしている。

倭と百済に仕える両属的な官僚

この後も敏達天皇、さらには崇峻《すしゅん》天皇も、「任那復興」の詔を出している。その内実は百済と新羅に強圧的なものだった。

敏達天皇は、五八三年に百済から日羅《にちら》を召喚し、「任那復興」に非協力的な百済の罪を問うている。それに対して日羅は、倭への百済の朝貢強制策について、つぎのような提案をしている。津ごとに船舶を並べ百済使人への威嚇、百済王もしくは王子の召喚、壱岐・対馬に伏兵《ふくへい》を置くなどである。ただし、日羅の提案は、のちの七世紀の実例を潤色したものだろう（仁藤敦史二〇二二）。

なお、日羅は九州の豪族火葦北国造《ひのあしきたくにのみやつこ》阿利斯登《ありしと》の子で大伴金村《おおとものかなむら》を「我が君」と呼ぶ倭臣だが、達率《だっそつ》という第二位の位階を持つ百済官僚である。日羅は倭と百済に仕える両属的な存在だった。

崇峻天皇時代の五九一年には、実際に二万余の軍を筑紫《つくし》に駐屯させて使者を派遣し、新羅に圧力をかけている。ただし、この段階ではすでに具体的な朝鮮半島への派兵による積極的な「任那」の復興策ではない。両国に軍事・政治的な威圧を与えることで、百済または新羅から「任那」の貢納物《こうのうぶつ》を納めさせることに主眼を置いたものだ。敏達・崇峻天皇が詔を出した「任那復興」の内実は、天皇が承認した「任那王」による間接統治を前提に、「任那の調」を納めさせる関係の回復だった。

「任那」滅亡後も百済・新羅は「任那」の使者を倭に派遣していた。それは百済・新羅が仕立てた虚構の「任那」の使者である。彼らは倭へ共同入貢《にゅうこう》していた。倭は定期的に貢納《こうのう》してくれれば満足だった。

六〇〇年の新羅と「任那」の争い

『日本書紀』は、六〇〇年に新羅と「任那」が衝突したので、万余の軍を派遣し、「任那」のために新羅を討伐したとする。その後、新羅と「任那王」が進調して服属を誓ったが、将軍を帰還させると、再び新羅は「任那」に侵攻したとある。

しかし、征討将軍任命→遣使→進調→新羅による再侵攻という記述は、『三国史記』にはない。新羅と「任那」の紛争も不自然であり潤色の可能性が高い。

『日本書紀』は、滅んだはずの「任那」という国や「任那王」の存在をこの後も明記する。そして、これ以後「金官四村」ではなく「任那使」が独自に調を納める新たな形式が定着する。

「任那」領域意識の変化——百済の旧加耶奪還後

百済は六四二年七月、百済王自らが兵を率い、新羅に侵攻し四〇余城を陥落させ、八月には大耶《だいや》城（慶尚南《キョンサンナム》道《ド》陜川郡《ハプチョングン》）を攻めて降伏させた。これにより旧加耶諸国の多くを百済が奪還した。

ただ、このときも新羅による金官四村の領有は解消されなかった。にもかかわらず、『日本書紀』によれば、新羅からの「任那の調」は廃止される。その意味では、五三二年の金官滅亡後の新羅からの「任那の調」と、五六二年の「任那滅亡」後の百済からの「任那の調」は、同じ「任那」を用いながら対象が違っていた。

つまり、新羅の「任那の調」は、「金官四村」のみが対象で、広義の「任那」から分離したものだった。

実は『日本書紀』編者の任那認識が、各時代で大きく変わっている。

『日本書紀』は五六二年の「任那滅亡」を記すなかで、第4章で述べたように金官を除く一〇ヵ国が当時の「任那」のすべてとしている（欽明紀《きんめいき》二三年正月条・同所引一本伝）。また、新羅が破った金官と喙己呑《とくことん》を区別して「任那」に併合させるとする（継体紀《けいたいき》二一年六月甲午《こうご》条）。

つまり、新羅と百済の領有関係の変化にともない、「任那」の認識が当初の「金官四村」中心から（『日本書紀』継体紀二三年四月是月《このつき》条・敏達紀四年六月条・推古紀《すいこき》八年二月条および同是歳《このとし》条）、「金官四村」を除く一〇ヵ国に変わったのだ。『日本書紀』における加耶諸国全体を「任那」とする拡大した認識はここに由来する。

消えゆく「任那」

任那滅亡から八〇年ほどを経た六四五（大化《たいか》元年）の「任那」認識は、六四二年に百済が旧加耶諸国の大半を奪還したことを前提に、「金官四村」を除く一〇ヵ国の加耶諸国全体となっていた。そのため「任那の調」は、百済からのみ納めさせることを宣言する。

以後、金官四村（邑）を除く新羅による旧加耶諸国の不法占拠が解消されたことにより、百済が「任那の調」を兼ねるようになる。『日本書紀』の記述によれば、最大で六回の貢調《こうちょう》が六六〇年の百済滅亡の四年前、六五六年まで行われた。そして、孝徳《こうとく》天皇時代の六四六年を最後に、『日本書紀』には「任那」の記載はなくなる。

2　伝承と面影——新羅と日本のなかで

伽耶琴の伝承

五六二年に加耶諸国は滅亡したが、加耶は後世に影響を与えている。最後に、いくつかのエピソードを記して締め括りとしたい。

加耶諸国は新羅の攻勢により滅亡し、新羅に併合された。加耶の人々のその後を語るうえで注目されるのは、大加耶出身の于勒《うろく》による伽耶琴《カヤグム》の伝承である。

于勒《うろく》は「加耶国」の嘉悉《かしつ》王の命によって一二曲を作曲した。その国が乱れてきたので、弟子とともに楽器を持って新羅の真興《しんこう》王のもとに亡命した。真興王は于勒と弟子を忠州国原《ちゅうしゅうこくげん》に安置した。

王が巡狩《じゅんしゅ》により清州娘《せいしゅうじょう》〔臂《ひ》〕城に宿泊したとき、彼らを召して楽《がく》〔音楽〕を演奏させた。王は三人に命じて于勒《うろく》から楽を学ばせた。于勒は能力に応じ、三人にそれぞれ歌・琴・舞を教えた。三人は一二曲を煩雑《はんざつ》なため五曲に縮めた。于勒は初め怒ったが、それを聞くと感動し涙を流し、王の前での演奏を許可した。王は、その演奏が以前、娘城で聞いたものと同じであるとして喜んだ。

諫臣《かんしん》が「加耶は亡国で、音楽は取るに足らない」といったが、王は「加耶王は乱れて滅んだのであり、楽には罪がない」と述べて、新羅の大楽とした。


（『三国史記』新羅本紀真興王一二年三月条、一三年条。

『三国史記』楽志加耶琴条、同所引「（新）羅古記」）


その後、伽耶琴《かやぐむ》は新羅琴《しらぎごと》として定着し、現在も韓国を代表する楽器として知られている。伽耶琴は、片方の端を膝の上に載せ、爪をつけずに指で演奏する点が、平置で爪をつけて一三の弦を弾く日本の琴とは大きく違う。伽耶琴の胴体部分は桐で、絹糸を撚《よ》った一二本の弦が張られている。一二弦は一年一二ヵ月を表象するという。日本にも奈良時代に新羅から伝わり、現在も奈良県の正倉院に数面が保存されている。平安時代まで貴族の間で演奏されたと言われる。

于勒《うろく》が作曲した一二曲は地名がタイトルになっている。加耶の統一や国力を表現したともされる。曲名は下記の通りだ。

一下加羅都、二上加羅都、三宝伎《ほうぎ》、四達已《たつし》、五思勿《しぶつ》、六勿慧《ぶつけい》、七下奇物《かきぶつ》、八師子伎《ししぎ》、九居烈《きょれつ》、一〇沙八兮《さはちけい》、一一爾赦《じしゃ》、一二上奇物《じょうきぶつ》

（『三国史記』楽志加耶琴条）

このうち、五の思勿《しぶつ》（泗川《サチョン》）、七の下奇物《かきぶつ》（下己汶《かきもん》＝南原《ナムオン》）、一〇の沙八兮《さはちけい》（挟川郡草渓面《ハッチョングンチョゲミョン》）、九の居烈《きょれつ》（居昌《コチャン》）、一二の上奇物《じょうきぶつ》（上己汶《じょうきもん》＝任実《イムシル》）は地名としても問題ない。この一二曲は、「大加耶連盟」を構成する諸国の名前にちなむという仮説もある（田中俊明一九九〇）。

この説に従えば、残りの一は下加羅都（多羅《たら》）、二は上加羅都（大加耶）、三は宝伎《ほうぎ》（泗川郡昆陽面《サチョングンコニャンミョン》）、四は達已《たつし》（多沙《たさ》）、六は勿慧《ぶつけい》（固城郡上面里《コソングンサンミョンニ》）、八は師子伎《ししぎ》（挟川郡大《ハッチョングンテ》

弁面《ピョンミョン》)、一一は爾赦《じしゃ》(斯二岐国《しにきこく》=宜寧郡《ウィリョングン》富林面《プリムミョン》)の地名と解釈できる。ただし、一二の国名は伽耶琴《かやぐむ》の一二弦に合わせたに過ぎないとの考えもある。

金官王家のその後

さて、加耶諸国の一つである金官《きんかん》は新羅の攻撃に耐えられず、五三二年に最後の国王仇衡《きゅうこう》(金仇亥《きんきゅうがい》)が降伏した。その一族は新羅の都金城《きんじょう》(現慶州《キョンジュ》)に移り住んで領地をもらい、新羅の王族身分が与えられた。金官の元王族を厚遇することは、親新羅派を増やし、残る加耶諸国を併合するうえで大きな効果があったと考えられる。

金官王族の末裔《まつえい》には、新羅の半島統一に最大の功績を挙げた将軍の金庾信《きんゆしん》(五九五〜六七三)がいる。『三国史記』列伝の冒頭には三巻(巻四一から巻四三)に及ぶ彼の記述があり、列伝の末尾には編者が新羅・高句麗・百済の三国統一を成し遂げた功績を高く評価した文章を載せている。ただし金庾信《きんゆしん》の事績には、りっぱな人物だったことを示すためか、しばしば伝説的な脚色が加えられている。

金庾信《きんゆしん》は、六〇九年に一五歳で新羅王に仕える上級貴族子弟を育成する青年組織花郎《ファラン》の一員となった。花郎は文武に秀でるだけでなく家柄・容姿も備わったエリート集団だった。戦時には、王の親衛隊として活躍する場面も多かった。ここから彼の英雄譚《たん》が始まる。

彼の人生は、武烈《ぶれつ》王との深い関係を見逃すことはできない。『三国遺事』には、蹴鞠《けまり》の場での婚姻譚がある。金庾信《きんゆしん》の妹文姫《ぶんき》は、蹴鞠で破れた武烈王の上衣を繕《つくろ》ったことから結婚する。彼女は后《きさき》となり、のちの文武《ぶんぶ》王を生む。武烈王も娘を金庾信《きんゆしん》に嫁がせる。金庾信にとって武烈王は、義理の弟であり父でもあった。

以後二人は三国統一のため努力する。武烈《ぶれつ》王は内政・外交、金庾信《きんゆしん》は軍事で活躍した。武烈王は唐からの軍事援助を引き出すことに成功し、六六〇年には唐と連合して百済を滅ぼす。金庾信《きんゆしん》は新羅・唐連合軍の「大総管」に就き、高句麗を滅亡させた。死後、三国統一の偉業により、「興武大王」の称号を追尊《ついそん》されている。

このように旧金官の王族末裔たる金庾信《きんゆしん》は、新羅の三国統一に不可欠な軍事的活躍をした人物として評価されている（植田喜兵成智二〇二二）。

加耶人たちの倭への渡来

八一五年に日本で編纂された古代氏族名鑑ともいえる『新撰姓氏録《しんせんしょうじろく》』には、5-1のように任那（加耶）に出自を持つと伝える一〇氏の居住地やその祖を記載している。居住地域は、左京右京以外に山城《やましろ》・大和《やまと》・摂津《せっつ》など、畿内の広範囲に及ぶ。「任那」の国名は、「彌麻奈《みまな》」「三間名《みまな》」「御間名《みまな》」などとも表記されている。

一〇氏のうち「都怒賀阿羅斯止《つぬがあらしと》」を祖とする氏族が三氏ある。「都怒賀阿羅斯止」については、『日本書紀』垂仁《すいにん》紀に渡来伝承があり、そこに「任那」の地名起源が記されている。

多々良公《たたらのきみ》については、欽明天皇の時代に金の多々利《たたり》（糸がもつれないように繰《く》るための道具）などを献上したと伝え、金属との関係が深い氏族と知られる。加耶諸国から鉄資源を多く輸入していたことを背景にした伝承である。

一方で考古学でも、須恵器《すえき》技術は五世紀に加耶南部から渡来した人々によってもたらされたという（酒井清治二〇〇二）。「陶部《すえべ》」（硬質の土器）、「錦部《にしごりべ》」「呉服」（高級絹織物）、「鞍部《くらつくり》」「作金人」「甲作」（金属加工）、「韓鍛冶」「山部」（金属加工）などの技術も、加耶系の人々がもたらしたと思われる（山尾幸久一九八三）。

5－1　任那（加耶）出身とされる10氏

住地域	出　身	祖　先
左京諸蕃	大市首	任那国人都怒賀阿羅斯止
左京諸蕃	清水首	任那国人都怒何阿羅志止
山城国諸蕃	多々良公	欽明天皇の御世に渡来した御間名国主尓利久牟王
大和国諸蕃	辟田首	任那国主都奴加阿羅志等
大和国諸蕃	大伴造	任那国主龍主王孫佐利王
摂津国諸蕃	豊津造	任那国人左李金（亦名佐利己牟）
摂津国諸蕃	韓人	豊津造同祖、左李金（亦名佐利己牟）之後
摂津国諸蕃	荒々公	任那国豊貴王之後
右京未定雑姓	三間名公	弥麻奈国主牟留知王之後
河内国未定雑	三間名公	仲臣雷大臣命之後

出典：『新撰姓氏録』を基に筆者作成

加耶からの移住民たちは、のちに倭漢氏《やまとのあや》や秦《はた》氏と称す氏族に編成された。「漢」の字をあてるのは、のちに百済から渡来した中国南朝系技術者たちを配下に置いたためと考えられている。

このように、倭には加耶諸国から渡来した人々があり、倭の文化・技術の発展に大きな役割を果たした。加耶諸国が六世紀に滅亡したため、平安期には百済や新羅を出身地と主張する氏族も存在したことが考えられるが、内実は明らかではない。

平安期初期に成立した『日本霊異記《にほんりょういき》』下巻第三〇には、聖武《しょうむ》天皇から桓武《かんむ》天皇の時代の紀伊国《きいのくに》名草《なくさ》郡の僧侶として観規《かんき》（俗名は三間名干岐《みまなかんき》）の記載がある。

彫刻が巧みで多才な智恵のある僧だったが、農業を営み、妻子を養う生活も送っていた。先祖の氏寺は名草郡能応村《のおのむら》（現和歌山市納定《のうじょう》）にあり、弥勒寺《みろくじ》（別名能応寺）といった。

七七九年に、発願して弥勒寺に釈迦丈六《しゃかじょうろく》像と脇侍《わきじ》像を作り安置した。さらに十一面観音像を作ろうとしたが、七八二年二月に造り終えないまま死んだ。だが二日後に生き返り、仏師に完成を願って仏涅槃《ぶつねはん》の日に死んだという。僧観規《かんき》は、俗名の三間名干岐《みまなかんき》から推測すれば、任那からの渡来人の末裔《まつえい》と推測される。

任那は消えても、古代の交流のなかで培われた文化や技術、観規《かんき》のような人びとは、数多くいたことだろう。任那の遺したものは、その後の百済、新羅、そして日本列島のなかで受け継がれていったのである。

終章

加耶とは何か
——国民国家を超えて

日韓で続く研究の現在

序章で述べたように現在の加耶研究は、末松保和による『任那興亡史』が基礎となっている。これをどのように批判的に継承していくかが、現在の研究には求められている。

文献史学では、四世紀における「朝鮮出兵」と六世紀にかけての「大和朝廷による南部朝鮮支配」、つまりは「ヤマト王権による任那支配」が、これまで「不動の事実」とされてきた。

それは考古学の解釈にも大きな影響を与え、朝鮮半島内の前方後円墳の分布と王権の支配範囲を同一視してきた。

さらに『古事記』『日本書紀』が語る全国統一と支配権確立を大きな前提としてきた。そのため朝鮮半島への軍事的進出による「下賜《かし》品」や「戦利品」が強調され、ヤマト王権による半島での軍事活動を重視する傾向もあった。

韓国からの日本の歴史教科書記述への批判もこうした観点から行われてきた。加耶に倭が一定の勢力を形成していたことを否定することは難しい。だが、『日本書紀』そのままの直轄領土や植民地的な位置付けおよび存在した期間には異論があることが指摘されたのである。

こうした見解には、まずは『日本書紀』とりわけ「百済《くだら》三書」の史料批判が有効であり、百済および倭による「任那」観が反映しているとの観点が重要となる。

そのうえで、『日本書紀』や『三国史記』が描く、倭中心の朝鮮三国との国家間に限定された交渉史ではなく、筑紫《つくし》・吉備《きび》・葛城《かつらぎ》などの倭国内諸地域と馬韓《ばかん》南部の栄山江《ヨンサンガン》勢力、加耶諸国（金官《きんかん》・大加耶・安羅《あら》など）を主体とする相互交流の存在と政治的、経済的な交渉意図を明確化することが求められる。

近年の文献史学や考古学は、こうした地域勢力の存在と勢力交替の流れを明らかにしつつある。とりわけ、加耶の盟主的な存在としての大加耶の存在（金泰植一九九三、田中俊明一九九二）や栄山江《ヨンサンガン》流域で多数発見された前方後円墳形の古墳の存在は、こうした議論を加速させている（朝鮮学会二〇〇二、朴天秀二〇〇七）。

さらに、加耶諸国内部の同盟的な結びつきが、土器の分布圏や「任那復興会議」の分析などから議論されるようになった。日本列島内部でも、朝鮮半島系遺物の分析が深化し、地域間交流のあり方が解明されつつある（酒井清治二〇〇二・二〇一三、田中史生二〇〇五、高田貫太二〇一四）。

方法論でいえば、鮎貝房之進《あゆかいふさのしん》以来の『日本書紀』の地名分析は、一定の成果をあげたと評価できるが、確実なものは必ずしも多くない。それは語呂合わせのような分析に終始している部分もあるからだ。今後はより議論を精緻化する必要がある。

本書が描いた五つの意義

最後に、本書で論じたかったことを、まとめて結びとしたい。

第一に、加耶の歴史は、これまで日本古代史の問題としては、主体ではなく侵略・支配される客体としてのみ位置付けられることが多かった。本書では、第1章を中心に、できるだけ朝鮮古代史の流れのなかで加耶を位置付けた。

加耶は、中国にも遣使するような統一国家成立の直前で滅亡したため、まとまった史料が残っていない。だが、中国正史や「駕羅国記《からこっき》」の記載などからできるだけ、その黎明《れいめい》期からの歴史を復元しようとした。もちろん古朝鮮の歴史には神話的な要素が強く、そのまま史実とすることはできないが、可能な限り史実を読み取ろうとした。辰国《しんこく》や辰《しん》王《おう》、浦上八国《ほじょうはちこく》の乱の問題は、こうした問題に手がかりを与えてくれるはずだ。

第二には、韓国史料には乏しかった加耶の歴史について、『日本書紀』に引用された

「百済三書」の史料的価値を評価し、百済からみた加耶の歴史という、その立場の批判を行った。

従来は全面的に肯定するかあるいは、偽書・伝承として否定的に扱う両極端の立場が多かった。とりわけ『日本書紀』神功紀《じんぐうき》の「加羅《から》七国平定記事」は虚構だが、そのなかから史実として評価できる部分を探し、四世紀および五世紀の歴史をできる限り復元しようとした。「七支刀《しちしとう》」と『日本書紀』神功紀の紀年論の食い違いなどは、従来とは異なり、金石文《きんせきぶん》である七支刀銘の紀年を尊重して解釈すべきことを強調している。

第三には、戦前以来、金石文であるため『日本書紀』よりも同時代史料として尊重されてきた「広開土王碑《こうかいどおうひ》」の史料的限界を指摘した。倭による恒常的な領域支配を碑文から読み取ることは困難である。守墓役体制の維持という高句麗《こうくり》の長寿王《ちょうじゅ》の立場から碑文の内容は読み解かなければならず、強大な敵としての倭の記述は相対化する必要がある。

第四には、任那問題の中心的課題だった「日本府」の解釈について、戦前以来の通説だったヤマト王権の出先機関説を明確に否定した。そのうえで百済による加耶諸国への侵略に抵抗する勢力の総称として表現されたものと論じた。

「日本府」の内実は、倭からの使者、倭系の在地豪族集団を合わせたもので、強固な組織は存在しなかった。実際は倭系加耶人を中心とした、百済にとって望ましくない勢力を総称したものにすぎない。百済の意図が達成されると、「日本府」の表現はすぐ用いられなくなるが、そのことが内実を端的に示している。

『日本書紀』顕宗《けんぞう》紀《き》の記載によれば、百済の加耶侵略に抵抗する人々は、すでに五世紀末に存在し、彼らの子孫がやがて「日本府」の主要な構成員となったことも指摘した。

第五には、百済に土着し、のちには百済の官僚となり倭との外交折衝に活躍した倭系百済官僚の存在を強調し、百済にとって「日本府」とは好対照な立場の人々が存在したことを論じた。栄山江《ヨンサンガン》流域の前方後円墳のうちには、こうした人々の先祖が埋葬されていることを想定した。朝鮮半島に移住した倭人およびその子孫たちは、加耶や百済の立場を尊重し、その独立を守る立場で活動した。

本書では、国家・国境や国籍など現在の国民国家的な立場を前提とした解釈ではなく、両属的、あるいはボーダーレスな立場の人々がいたことを、史料から実証・解釈し強調している。

あとがき

本書は、古代加耶《かや》諸国の歴史を倭との関係を中心に、近年の文献・考古学の研究を踏まえ、新たな観点から記述したものである。

加耶は「まえがき」にも記したように、三世紀から六世紀にかけて、朝鮮半島南部の洛東江《ナクトンガン》の流域に存在していた十数ヵ国の小国群を示す名称である。高句麗《こうくり》・百済《くだら》・新羅《しらぎ》という三国時代の歴史を記した『三国史記《さんごくしき》』には、まとまった記載がなく、反対に『日本書紀』が引用する「百済本記《くだらほんき》」などに比較的豊富な記載がある。こうした、ねじれた史料の残り方などが、研究を複雑にしてきた。

名称の多様性もあり、加耶諸国の歴史を概観する本書のタイトルをどのようなものにするか悩んだ。韓国側史料には「加耶」や「加羅《から》」と表記されるのが一般的で、『日本書紀』には「任那《みまな》」の表記が多い。どのような表記を採用するかで、研究者の立場性が示されてしまう現状を考慮し、両者をできるだけ公平・客観的に扱いたいとの思いから「加耶」と「任那」という、あえて両論併記的な記載を採用した。

戦前における加耶史研究の通説は、三六九年の大規模な「朝鮮出兵」と、それを契機に成立した「任那日本府」という朝鮮南部を支配する支配機構の存在を認め、『日本書紀』の記載を基本的に承認するものだった。

しかし、一九六三年に朝鮮半島の三国が日本列島内に植民地を持っていたという「分国論」の主張が朝鮮民主主義人民共和国(北朝鮮)の金錫亨《キムソッキョン》によりなされると、日本の学界に大きな衝撃を与えた。内容自体は支持されなかったが、日本側の独善的な史観が反省されるようになった。これにより『日本書紀』や「広開土王碑《こうかいどおうひ》」に対する史料批判が深化し、発掘の進展もあり、加耶諸国それぞれの歴史が重視されるようになった。朝鮮南部を支配する支配機構の存在は否定され、使者説や在地勢力説が提起されるようになった。

これに対して韓国側の解釈は、民族主義など政治的な問題も絡み、ヤマト王権の朝鮮半島での活動はできるだけ少なく見積もる議論が多い。歴史教科書の記述問題に端を発して、二〇〇二年と一〇年とに二回設置され、日韓の学者による共同研究の場だった

「日韓歴史共同研究委員会」でも、日韓の主張の溝は容易に埋まらず、ヤマト王権の一部の勢力が朝鮮半島の地方で活動したことは認められるとしたが、共通見解には達しなかった。こうした日韓の研究状況を考慮して、並列的なタイトルを採用した。

本書を手に取る方が、一番関心があると思われるのは「任那日本府」の解釈だろう。これは、倭から派遣された使者、土着した二世の旧倭臣、在地系の加耶人という三つから構成された集団である。

これらを一括して百済系史料が「任那日本府」（ここでの任那は厳密には安羅《あら》）と表現したのは、彼らが百済の加耶侵攻に対する抵抗勢力として親新羅・親高句麗的活動をしていたからである。その諸集団を一括し、対立的に百済系史料は表現したと結論づけた。彼らはヤマト王権からは独立した集団であり、自国の独立を維持する点では安羅王と同じ立場にあり尊重されたが、自前の軍事力は微弱だったと考える。

近年注目されている栄山江《ヨンサンガン》流域の前方後円墳の被葬者については、百済の対倭外交に活躍する倭系百済官僚らの一世代前の人々が含まれていたと想定している。

加耶の有力国は、金官と大加耶など、時期により勢力の交替がある。政治的立場も異なったが、中国に朝貢し、「任那復興会議」からうかがえるように連合的なあり方も確認できる。高句麗・百済・新羅三国のような国家段階の近くに達していたことも論じた。

必ずしも、加耶史の十分な概説にはなっていないかもしれないが、韓国史だけでなく日本史でも重要な地域であること、日韓では現在どのような論点が所在し、何が議論されているのかという点は、ひとまず語ることができたと思う。

末筆ながら、前著『藤原仲麻呂』に引き続き、本書の執筆を勧めていただき、編集を担当された白戸直人さんには、深く感謝したい。

二〇二四年七月

仁藤敦史

主要参考文献

序章

田中俊明『大加耶連盟の興亡と「任那」——加耶琴だけが残った』吉川弘文館、一九九二年
鮎貝房之進『朝鮮国名考』国書刊行会、再版一九八七年、初出一九三一年
李丙燾「洛東江流域の地理と上下加羅」（『韓国古代史研究——古代史上の諸問題』第五編第一章、学生社、一九八〇年）
那珂通世「三韓考」（『外交繹史』巻二、一一章、岩波書店、一九五八年、初出一八九五年）
今西龍『百済史研究』国書刊行会、一九七〇年、初出一九三〇〜三二年
今西龍「加羅疆域考」「己汶伴跛考」『朝鮮古史の研究』（国書刊行会、再版一九七〇年、本初出一九三七年、初出一九一九・一九二二年）
鮎貝房之進『日本書紀朝鮮地名攷』国書刊行会、復刻一九七一年、初出一九三七年
武田幸男『広開土王碑墨本の研究』吉川弘文館、二〇〇九年
仁藤敦史「『日本書紀』による「任那」領域考」（広瀬和雄編『日本考古学の論点』下巻、雄山閣出版、二〇二四年）
武田幸男「文献より見た伽耶」（『新羅政治社会史研究』勉誠社、二〇二二年、初出一九九二年）
徳川光圀修『大日本史』八、大日本雄弁会、一九二九年
菅政友「任那考」上中下（『菅政友全集』、国書刊行会、一九〇七年、成稿一八九三年）
津田左右吉「任那疆域考」（『津田左右吉全集』一一、岩波書店、一九六四年、初出一九一三年）
津田左右吉「百済に関する日本書紀の記載」（『津田左右吉全集』二、岩波書店、一九六三年、初出一九二一年）
李弘稙「任那問題を中心とする欽明紀の整理——主要関係人物の研究」（『青丘学叢』二五、一九三六年）
池内宏『日本上代史の一研究——日鮮の交渉と日本書紀』中央公論美術出版、一九七〇年、初出一九四七年
末松保和『任那興亡史』吉川弘文館、再版一九五六年、初出一九四九年
三品彰英『日本書紀朝鮮関係記事考証』上、天山舎、二〇〇二年、初出一九六二年
徐建新『好太王碑拓本の研究』東京堂出版、二〇〇六年
武田幸男編著『廣開土王碑原石拓本集成』東京大学出版

会、一九八八年
集安市博物館編『集安高句麗碑』吉林大学出版、二〇一三年
武田幸男『高句麗史と東アジア』岩波書店、一九八九年
李成市「表象としての広開土王碑文」「石刻文書としての広開土王碑文」（『闘争の場としての古代史——東アジア史のゆくえ』岩波書店、二〇一八年、初出一九九四・二〇一一年）
朴天秀『加耶と倭——韓半島と日本列島の考古学』講談社選書メチエ、二〇〇七年
仁藤敦史「『日本書紀』の「任那」観——官家・日本府・調」（『古代王権と東アジア世界』吉川弘文館、二〇二四年、初出二〇一三年）
仁藤敦史「五・六世紀の倭と新羅の交渉——多元的交通論の試み」（『新羅と倭の交流』韓国慶北大学校、二〇一二年）
三品彰英「百済・百済新撰・百済本記」（『日本書紀朝鮮関係記事考証』上、天山舎、二〇〇二年、初出一九六二年）
井上秀雄「任那日本府の行政組織」（『任那日本府と倭』東出版、一九七三年、初出一九六六年）

第1章

朝鮮史研究会編『朝鮮史研究入門』名古屋大学出版会、二〇一一年
礪波護・武田幸男『隋唐帝国と古代朝鮮』世界の歴史6、中央公論社、一九九七年
田中俊明「檀君神話の歴史性をめぐって」（『韓国文化』三三、一九八二年）
橋本繁「古朝鮮から三韓へ」（李成市他編、世界歴史大系『朝鮮史』1、山川出版社、二〇一七年）
武田幸男「三韓社会における辰王と臣智」上・下（『朝鮮文化研究』二・三、一九九五・一九九六年）
仁藤敦史『卑弥呼と台与——倭国の女王たち』日本史リブレット人、山川出版社、二〇〇九年
三品彰英「史実と考証——魏志東夷伝の辰国と辰王」（『史学雑誌』五五－一、一九四四年）
白鳥庫吉「漢の朝鮮四郡疆域考」（『白鳥庫吉全集』三、岩波書店、一九七〇年、初出一九一二年）
池内宏「曹魏の東方経略」（『満鮮史研究』上世編第一冊、祖国社、一九五一年、初出一九二八年）
井上秀雄『古代朝鮮』ＮＨＫブックス、日本放送出版協会、一九七二年
山尾幸久「任那日本府と倭について——井上秀雄氏の近業によせて」（『史林』五六－六、一九七三年）
日野開三郎「北岸——三国志・東夷伝用語解1」（『東洋史学』五、一九五二年）
仁藤敦史「秦氏の開発伝承と祭祀」（伏見稲荷大社社務所編『朱』六六、二〇二三年）
末松保和『任那興亡史』吉川弘文館、再版一九五六年、初出一九四九年
朴天秀「考古学からみた加羅国史」（加耶史政策研究委

員会編『加耶史研究論文要約集』釜山ニューワード社、二〇〇四年）
朴天秀『加耶と倭――韓半島と日本列島の考古学』講談社選書メチエ、二〇〇七年
三品彰英『日本書紀朝鮮関係記事考証』上、天山舎、二〇〇二年、初出一九六二年

第2章

国立歴史民俗博物館『加耶』国際企画展示図録、二〇二二年
朴天秀「考古学からみた加羅国史」（加耶史政策研究委員会編『加耶史研究論文要約集』釜山ニューワード社、二〇〇四年）
朴天秀『加耶と倭――韓半島と日本列島の考古学』講談社選書メチエ、二〇〇七年
韓国考古学会編・武末純一監訳・庄田慎矢、山本孝文訳『概説韓国考古学』同成社、二〇一三年
平田俊春「神功皇后紀の成立と日本書紀の紀年」「神功皇后と倭女王」（『日本古典の成立の研究』日本書院、一九五九年）
津田左右吉「百済に関する日本書紀の記載」（『津田左右吉全集』二、岩波書店、一九六三年、初出一九二一年）
山尾幸久「任那成立の史料について」（『日本史研究』一五四、一九七五年）
仁藤敦史「神功紀外交記事の基礎的考察」（『古代王権と東アジア世界』吉川弘文館、二〇二四年、初出二〇一八年）
池内宏『日本上代史の一研究――日鮮の交渉と日本書紀』中央公論美術出版、一九七〇年、初出一九四七年
山尾幸久『日本古代王権形成史論』岩波書店、一九八三年
三品彰英『日本書紀朝鮮関係記事考証』上、天山舎、二〇〇二年、初出一九六二年
西田長男「隅田八幡神社の画象鏡の銘文」（『日本古典の史的研究』理想社、一九五六年）
末松保和『任那興亡史』吉川弘文館、再版一九五六年、初出一九四九年
山尾幸久「『日本書紀』と百済系史料」（『立命館文学』五〇〇、一九八七年）
古川政司「百済王統譜の一考察――五世紀後半の王統譜の復元」（『日本史論叢』七、一九七七年）
仁藤敦史「『日本書紀』編纂史料としての百済三書」（『古代王権と東アジア世界』吉川弘文館、二〇二四年、初出二〇一五年）
田中俊明『大加耶連盟の興亡と「任那」――加耶琴だけが残った』吉川弘文館、一九九二年
吉田晶『七支刀の謎を解く――四世紀後半の百済と倭』新日本出版社、二〇〇一年
仁藤敦史「文献よりみた古代の日朝関係――質・婚姻・進調」（『古代王権と東アジア世界』吉川弘文館、二〇二四年、初出二〇〇四年）

鈴木靖民「石上神宮七支刀銘と倭国をめぐる国際関係」（『倭国史の展開と東アジア』岩波書店、二〇一二年、初出一九八三年）
濱田耕策「4世紀の日韓関係」（『日韓歴史共同研究報告書（第1期）第1分科篇』日韓歴史共同研究委員会、二〇〇五年）
武田幸男「わたしの「辛卯年」条解釈」（『広開土王碑との対話』白帝社、二〇〇七年）

第3章

山尾幸久「任那成立の史料について」（『日本史研究』一五四、一九七五年）
田中俊明『大加耶連盟の興亡と「任那」――加耶琴だけが残った』吉川弘文館、一九九二年
鈴木英夫「倭国の統合と朝鮮」（『日本学』六、名著刊行会、一九八五年）
山尾幸久『古代の日朝関係』塙書房、一九八九年
山尾幸久「任那支配の実態」（『日本古代王権形成史論』岩波書店、一九八三年）
今西龍「百済史講話」（『百済史研究』国書刊行会、一九七〇年、初出一九三〇〜三二年）
末松保和『任那興亡史』吉川弘文館、再版一九五六年、初出一九四九年
大山誠一「所謂「任那日本府」の成立について」（『日本古代の外交と地方行政』吉川弘文館、一九九九年、初出一九八〇年）
李鎔賢「5世紀末における加耶の高句麗接近と挫折――顕宗3年是歳条の検討」（『東アジアの古代文化』九〇、一九九七年）
李文基「百済内朝制度試論」（『学習院史学』四一、二〇〇三年）
武田幸男「長寿王の東アジア認識」（『高句麗史と東アジア――「広開土王碑」研究序説』岩波書店、一九八九年）
岸俊男「紀氏に関する一試論」（『日本古代政治史研究』塙書房、一九六六年、初出一九六二年）
仁藤敦史「神功紀外交記事の基礎的考察」（『古代王権と東アジア世界』吉川弘文館、二〇二四年、初出二〇一八年）
朴天秀「栄山江流域における前方後円墳からみた古代の韓半島と日本列島」（鈴木靖民編『古代日本の異文化交流』勉誠出版、二〇〇八年）
李鎔賢「韓国古代における全羅道と百済、加耶、倭」（鈴木靖民編『古代日本の異文化交流』勉誠出版、二〇〇八年）
熊谷公男「五世紀の倭・百済関係と羅済同盟」（東北学院大『アジア文化史研究』七、二〇〇七年）
仁藤敦史「古代王権と「後期ミヤケ」」（『古代王権と支配構造』吉川弘文館、二〇一二年、初出二〇〇九年）

第4章

坂元義種「五世紀の〈百済大王〉とその王・侯」（『古代

東アジアの日本と朝鮮』吉川弘文館、一九七八年、初出一九七四年)
末松保和『任那興亡史』吉川弘文館、再販一九五六年、初出一九四九年
鄭東俊「『翰苑』百済伝所引の『括地志』の史料的性格について」(『東洋学報』九二―二、二〇一〇年)
笠井倭人「欽明紀における百済の対倭外交――特に日系百済官僚を中心として」(『古代の日朝関係と日本書紀』吉川弘文館、二〇〇〇年、初出一九六四年)
仁藤敦史「倭系百済官僚の基礎的考察」(『古代王権と東アジア世界』吉川弘文館、二〇二四年、初出二〇一八年)
仁藤敦史「倭・百済間の人的交通と外交――倭人の移住と倭系百済官僚」(『古代王権と東アジア世界』吉川弘文館、二〇二四年、初出二〇一九年)
田中俊明『大加耶連盟の興亡と「任那」――加耶琴だけが残った』吉川弘文館、一九九二年
熊谷公男「いわゆる「任那四県割譲」の再検討」(『東北学院大学論集』歴史学・地理学、三九、二〇〇五年)
今西龍「百済史講話」(『百済史研究』国書刊行会、一九七〇年、初出一九三〇~三二年)
鈴木英夫「いわゆる「任那四県割譲」問題と大伴金村の失脚――「久麻那利」と「任那四県」の位置」(『國學院大學紀要』四八、二〇一〇年)
大山誠一「所謂「任那日本府」の成立について」(『日本古代の外交と地方行政』吉川弘文館、一九九九年、初出一九八〇年)
三品彰英『日本書紀朝鮮関係記事考証』下、天山舎、二〇〇二年
近藤浩一「6世紀百済の思想的基盤と天下観の形成」(『京都産業大学日本文化研究所紀要』一九、二〇一三年)
李鎔賢「『梁職貢図』百済国使条の「旁小国」」(『朝鮮史研究会論文集』三七、一九九九年)
鈴木中正「南海諸国から南朝の諸帝に送られた国書について」(鈴木俊教授還暦記念会編『東洋史論叢』鈴木俊教授還暦記念会、一九六四年)
鈴木靖民「東アジア世界史と東部ユーラシア世界史――梁の国際関係・国際秩序・国際意識を中心に」(『東アジア世界史研究センター年報』六、二〇一二年)
平野邦雄『大化前代政治過程の研究』吉川弘文館、一九八五年
武田幸男「新羅・法興王代の律令と衣冠制」(『新羅中古期の史的研究』勉誠出版、二〇二〇年)
高寛敏「継体紀の近江毛野臣朝鮮派遣記事」(『古代朝鮮諸国と倭国』雄山閣出版、一九九七年、初出一九九一年)
松波宏隆「欽明紀「任那復興」関係記事と卓淳」(『龍谷史壇』一〇一・一〇二合併号、一九九四年)
木村誠「新羅上大等の成立過程――「上臣」史料の検討」(『古代東アジア史論集』上、吉川弘文館、一九七八年)

鮎貝房之進『日本書紀朝鮮地名攷』国書刊行会、復刻一九七一年、初出一九三七年
李鎔賢「加耶諸国の権力構造——『任那』復興会議」を中心に」(『国史学』一六四、一九九八年)
佐藤長門「加耶地域の権力構造——合議制をキーワードとして」(『東アジアの古代文化』九〇、一九九七年)
仁藤敦史「『日本書紀』の「任那」観——官家・日本府・調」(『古代王権と東アジア世界』吉川弘文館、二〇二四年、初出二〇一三年)
鈴木英夫「「任那日本府」と「諸倭臣」——語義の分析を中心に」(『國學院大學紀要』四四、二〇〇六年)
鈴木英夫「「任那日本府」(在安羅諸倭臣)の解体と高句麗——六世紀中葉の倭国の朝鮮外交」(林陸朗・鈴木靖民『日本古代の国家と祭儀』雄山閣出版、一九九六年)
高寛敏「継体紀・欽明紀の朝鮮関係記事」(『古代朝鮮諸国と倭国』雄山閣出版、一九九七年、初出一九九一年・一九九三年)

第5章

仁藤敦史『東アジアからみた「大化改新」』吉川弘文館、二〇二二年
田中俊明「于勒十二曲と大加耶連盟」(『東洋史研究』四八−四、一九九〇年)
植田喜兵成智「金庾信」(李成市他『世界宗教圏の誕生と割拠する東アジア』アジア人物史2、集英社、二〇二三年)
佐伯有清『新撰姓氏録の研究』考証篇第五・第六、吉川弘文館、一九八三年
李永植『加耶諸国と任那日本府』吉川弘文館、一九九三年
酒井清治『古代関東の須恵器と瓦』同成社、二〇〇二年
山尾幸久『日本古代王権形成史論』岩波書店、一九八三年
仁藤敦史「『日本書紀』編纂史料としての百済三書」(『古代王権と東アジア世界』吉川弘文館、二〇二四年、初出二〇一五年)
金泰植『加耶聯盟史』一潮閣、一九九三年
田中俊明『大加耶連盟の興亡と「任那」——加耶琴だけが残った』吉川弘文館、一九九二年
朴天秀『加耶と倭——韓半島と日本列島の考古学』講談社選書メチエ、二〇〇七年
朝鮮学会編『前方後円墳と古代日朝関係』同成社、二〇〇二年
酒井清治『土器から見た古墳時代の日韓交流』同成社、二〇一三年
高田貫太『古墳時代の日朝関係——新羅・百済・大加耶と倭の交渉史』吉川弘文館、二〇一四年

終　章

仁藤敦史「『日本書紀』編纂史料としての百済三書」(『古代王権と東アジア世界』吉川弘文館、二〇二四年、

初出二〇一五年）
金泰植『加耶聯盟史』一潮閣、一九九三年
田中俊明『大加耶連盟の興亡と「任那」——加耶琴だけが残った』吉川弘文館、一九九二年
朴天秀『加耶と倭——韓半島と日本列島の考古学』講談社選書メチエ、二〇〇七年
朝鮮学会編『前方後円墳と古代日朝関係』同成社、二〇〇二年
酒井清治『古代関東の須恵器と瓦』同成社、二〇〇二年
酒井清治『土器から見た古墳時代の日韓交流』同成社、二〇一三年
高田貫太『古墳時代の日朝関係——新羅・百済・大加耶と倭の交渉史』吉川弘文館、二〇一四年
田中史生『倭国と渡来人——交錯する「内」と「外」』吉川弘文館、二〇〇五年

◎主要図版出典一覧

『新羅の政治と社会 上 末松保和朝鮮史著作集1』口絵写真（吉川弘文館、一九九五年）35頁
国立歴史民俗博物館編『古代日本 文字のある風景』二二頁（朝日新聞社、二〇〇二年）44頁
『大古事記展』八五頁（奈良県、二〇一四年）105頁

	（『三国史記』百済）
550	百済王、諸倭臣の解任取り下げ。高句麗戦への安羅任那兵の参加
551	百済、新羅・任那二国の兵を率いて高句麗を討つ。高句麗戦への安羅任那兵の参加
552	百済・加羅・安羅遣使、高句麗・新羅の通和による救兵を請う。百済、漢城・平壌など六郡を放棄
555	新羅の北漢山城占拠（『三国史記』新羅）
562	任那滅亡＝大加耶の滅亡
571	「任那封建」の遺詔、新羅に使者を派遣し任那滅亡の理由を問う
575	百済、任那の調を含む進調。新羅、四邑の調を献上
583	任那復興の詔。日羅の任那復興策
585	任那復興のための坂田耳子王の派遣を中止
591	任那復興の詔
600	新羅征討将軍の派遣
601	高句麗・百済に任那救援を要請
623	新羅が任那使。新羅、任那を伐ち、任那は新羅に付す。新羅が任那の調を進める
638	百済・新羅・任那による朝貢？
642	高句麗・百済・新羅・任那に遣使。百済の加耶奪還
643	百済調使と翹岐弟王子の来朝、加耶領奪還の情報を得る
645	百済が任那使を兼領し、任那の調を進む。百済使への詔に、中間に百済へ任那国を賜い、のちに使者を派遣して任那の国境を観察させたとある
646	新羅に対する任那の調廃止

註記：各項目後の（　）内は典拠。典拠がないものは基本的に『日本書紀』による倭の観点からの記述

513　百済、己汶に侵入、己汶・帯沙を百済へ割譲
514　伴跛国、子呑・帯沙に築城し倭に備える
515　倭軍、帯沙江で伴跛軍に敗退
516　百済、己汶を確保、倭へ五経博士を送る
520　新羅、律令頒布・百官公服制定（『三国史記』新羅）
521　百済の旁小国として上己汶がみえる（「梁職貢図」百済条）
522　加耶（大加耶）王、新羅に求婚。新羅から加耶に「王女」を嫁がせる（『三国史記』新羅）。百済、帯沙（多沙津）に進出
524　新羅、金官国へ第一次侵攻、加耶王と会す（『三国史記』新羅）
525　新羅と百済の交聘（『三国史記』百済・新羅）
527　磐井の乱
529　大加耶、新羅の変服問題から同盟破棄、任那王已能末多干岐の来倭しての乞師。新羅、金官へ第2次侵攻。近江臣毛野、安羅へ。百済へ多沙津を賜う（『日本書紀』継体紀23年）
530　近江臣毛野暴政により帰国
531　百済と新羅、久礼山をめぐる攻防。継体天皇の死
532　金官国の滅亡（『三国史記』新羅）
536　那津官家設置
538　百済の扶余遷都（『三国史記』百済）。仏教公伝（『上宮聖徳法王帝説』）
541　第1次任那復興会議。百済と新羅の講和（『三国史記』新羅）
543　百済、扶南の財物献上
544　第2次任那復興会議
545　百済、任那へ呉財を賜う
548　独山城で倭兵・安羅兵の非協力、高句麗への内応の疑い

加耶／任那 関連年表

463	吉備田狭を「任那国司」に任命
464	任那（加羅＝大加耶）の対高句麗戦乞師、「日本府行軍元帥」の記事
465	大将軍紀小弓宿禰新羅征討、子の大磐宿禰が現地で威勢を振るう
474	木満致、父の功により任那に専権を振るう、百済と倭を往来（『日本書紀』応神紀25年百済記）
475	百済、漢城から熊津へ遷都（『三国史記』高句麗・百済／『日本書紀』雄略紀20年百済記）
476	倭、熊津を百済王へ賜うとの記載（『日本書紀』雄略紀21年３月条）。百済の耽羅冊封（『三国史記』百済）
478	倭王武の上表文に、慕韓（馬韓）と百済が併記（『宋書』）
479	加羅（大加耶）王荷知、南斉に朝貢（『南斉書』加羅国伝）
481	大加耶、百済が高句麗の侵入に苦しむ新羅に援軍（『三国史記』新羅）
484	新羅と百済が新羅国境を侵した高句麗を撃破（『三国史記』新羅）
487	紀生磐（有非跛）、高句麗と通交
493	百済・新羅の婚姻同盟（『三国史記』新羅・百済）
495	新羅が百済へ援軍。加耶領土内を行軍（『三国史記』新羅・百済）
496	大加耶、新羅に白雉を送り、新羅勝利を祝う（『三国史記』新羅）
502	百済、東城王殺され武寧王即位（『日本書紀』武烈紀４年本文・百済新撰『三国史記』百済）
508	耽羅の百済への服属（『日本書紀』継体紀２年）
509	倭臣久羅麻致支彌の百済への派遣。「任那」「日本県邑」領内に住む百済人を百済に遷す（『日本書紀』継体紀３年／『三国史記』百済武寧王10年）
512	「任那の四県割譲」＝百済の加耶侵攻

加耶／任那 関連年表

年	事　項
前２世紀	衛氏朝鮮の成立（『三国史記』『漢書』『三国志』）
前108年	朝鮮四郡の成立（『三国志』）
204	楽浪郡から帯方郡が分立（『後漢書』）
238	公孫氏の滅亡（『三国志』）
３世紀	弁韓12国と辰王の統治（『三国志』）
246	辰王の滅亡（『三国志』）
364	百済が卓淳国へ使者派遣（『日本書紀』神功紀46年甲子年）
366	百済に倭人と卓淳人が来る（『日本書紀』神功紀46年）
367	百済から倭王への遣使（『日本書紀』神功紀47年）
369	七支刀を倭王に送る（七支刀銘）
371	百済、王と王子ら平壌で高句麗王を殺し、漢城を王都に（『三国史記』高句麗・百済）
372	百済から倭へ七枝刀を送る（『日本書紀』神功紀52年）
400	高句麗、倭兵を任那加羅（金官）まで追撃（「広開土王碑」）
429	百済の木羅斤資、加羅駐屯高句麗軍と戦う。百済、大加耶に支配権。倭将軍沙沙奴跪による倭の軍事行動初見（『日本書紀』神功紀49年）
438	珍、倭隋ら13人に将軍号、初めて六国諸軍事請求（『宋書』倭国伝）
442	倭、葛城襲津彦による大加耶攻撃（『日本書紀』神功紀62年・「百済記」の壬午年）
443	済が加羅を含む諸軍事を自称か？（『宋書』）
451	済に加羅を含む六国諸軍事承認（『宋書』）

仁藤敦史（にとう・あつし）

1960（昭和35）年静岡県生まれ．89年早稲田大学大学院文学研究科博士後期課程満期退学．98年博士（文学）．早稲田大学第一文学部助手，国立歴史民俗博物館歴史研究部助手・准教授などを経て，2008年より教授．専攻・日本古代史．

著書『古代王権と都城』（吉川弘文館，1998年）
『古代王権と官僚制』（臨川書店，2000年）
『女帝の世紀―皇位継承と政争』（角川選書，2006年）
『卑弥呼と台与』（山川出版社日本史リブレット人，2009年）
『都はなぜ移るのか 遷都の古代史』（吉川弘文館歴史文化ライブラリー，2011年）
『古代王権と支配構造』（吉川弘文館，2012年）
『藤原仲麻呂』（中公新書，2021年）
『東アジアからみた「大化改新」』（吉川弘文館歴史文化ライブラリー，2022年）
『古代王権と東アジア世界』（吉川弘文館，2024年）
他多数

加耶《かや》／任那《みまな》
――古代《こだい》朝鮮《ちょうせん》に倭《わ》の拠点《きょてん》はあったか
中公新書 *2828*

2024年10月25日初版
2025年2月10日5版

著　者　仁藤敦史
発行者　安部順一

本文印刷　三晃印刷
カバー印刷　大熊整美堂
製　本　小泉製本

発行所　中央公論新社
〒100-8152
東京都千代田区大手町 1-7-1
電話　販売 03-5299-1730
　　　編集 03-5299-1830
URL https://www.chuko.co.jp/

Published by CHUOKORON-SHINSHA, INC.
Printed in Japan　ISBN978-4-12-102828-0 C1221